JN121021

労災保険
メリット制Q&A
［労働災害と保険料］
第10版

労働新聞社　編

労働新聞社

は じ め に

　労災保険は、ご存知のように、労働基準法に定められている労働災害に関する事業主の無過失賠償責任を、保険システムにより担保するものであり、保険給付等保険事業運営に要する費用は、事業主の拠出する保険料で賄われています。

　保険料は、事業に使用されるすべての労働者に対して支払われる賃金の総額に労災保険率を乗じたもので、労災保険率は事業の種類ごとに定められていますが、一定規模以上の事業については、その事業の労働災害の多い少ないにより、労災保険率あるいは保険料を増減する制度を設けています。これが、労災保険のメリット制です。

　メリット制は労災保険料の増減という形で、事業主に労働災害の状況を訴える訳ですから、労働災害防止努力の促進が期待されます。また、各事業主の保険料負担を、労働災害の多寡に応じたものにするという意味で、より公平なものとなっています。

　この本は、労災保険のメリット制について、質問とその回答というQ&A形式で解説したもので、メリット制によって労災保険料が大きく変わるということをわかりやすく説明しました。

　この本によって、労災保険のメリット制の理解を深めていただき、労働災害防止がより進展することを期待します。

　令和6年4月

　　　　　　　　　　　　　　　　　　　　　　　　編　　　者

目　次

第4章　有期事業のメリット制

第5章　特例メリット制

参考資料

第1部

労働災害の多い少ないで
保険料は変わる

　事業主Qは10年前に金属製の缶を製造する会社を設立、現在では従業員50人を抱えるまでに成長した会社を経営しています。これまでの間、会社は不景気により経営不振になった時もありましたが、従業員を解雇することなく何とかやりくりをしてきました。ただ、災害防止のための安全衛生活動に関してはなかなか目を向けることができず、朝礼で注意を喚起するくらいでした。このような中、2年前に仕事中の従業員が死亡するという災害が発生しました。

　以下は、事業主Qが労災保険料のことで、労働基準監督署の職員Aに相談しているところです。

労災保険料が同業他社より高いのはなぜか

Q 「私の会社の労災保険料は、高すぎではないですか。私の会社では金属製の缶を製造していますが、同じ製品を製造している他の会社では、こんなに保険料は高くないと聞いています。不公平だと思いますが、その理由を教えてください。

　景気がよくないので、こんなに高い保険料を払っていくと事業をやっていけなくなります。もっと労災保険料は安くならないのですか。」

A 「貴方の会社では、2年前に工場内で作業中のフォークリフトが転倒し、側にいた労働者がフォークリフトに挟まれて死亡するという労働災害が発生していますね。労災保険にはメリット制という制度があり、このメリット制により他の同じ業種の会社よりも労災保険料が高くなっているのです。」

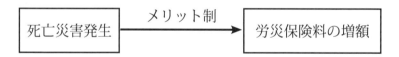

メリット制の概要

Q 「労災保険のメリット制とは何ですか。」

A 「労災保険のメリット制とは、個々の事業における労働災害の多寡により、労災保険料（労災保険率）を増減させる制度です。つまり、大きな労働災害を発生させたとか労働災害が多発している事業では労災保険料が高くなり、逆に労働災害が少な

い事業では労災保険料が安くなるという制度です。

　労災保険料は、その事業に使用される全ての労働者に支払われる賃金の総額に労災保険率を乗じた額となりますが、労災保険率は事業の種類ごとに定まっています。貴方の会社のように継続して事業を行っている会社におけるメリット制は、この労災保険率を増減させることにより、労災保険料を増減させています。」

メリット制による労災保険料の額

Q　「私の会社の労災保険率は、同業他社に比べてどのくらい高くなっているのですか。」

A　「貴方の会社の事業の種類である『金属製品製造業または金属加工業』の労災保険率は、1000分の9となっています。このうち通勤災害などの非業務災害率の1000分の0.6を除いた1000分の8.4がメリット制により最大40％の範囲で増減します。

　この増減率は、個々の事業の非業務災害率分を除いた労災保険料とその事業に働く労働者の業務中の災害により支払った保険給付等の割合、これをメリット収支率といいますが、このメリット収支率により増減の内容が決まります。

　貴方の会社では死亡災害が発生していますので、メリット収支率が悪く、最大の40％の割増しとなっています。この割増しされた料率に非業務災害率分の料率を加えた率が、貴方の会社に実際適用されている労災保険率となります。このメリット増減後の労災保険率の算定式は次のとおりとなります。

$$\begin{array}{c}\text{メリット増減後の}\\\text{労災保険率}\end{array} = \left(\begin{array}{c}\text{基準となる}\\\text{労災保険率}\end{array} - \begin{array}{c}\text{非業務}\\\text{災害率}\end{array}\right) \times \frac{(100+\text{増減率（\%）})}{100} + \begin{array}{c}\text{非業務}\\\text{災害率}\end{array}$$

$$= \left(\frac{9}{1000} - \frac{0.6}{1000}\right) \times \frac{(100+40(\%))}{100} + \frac{0.6}{1000}$$

$$= \frac{12.36}{1000}$$

このように、メリット制により労災保険率が 1000 分の 12.36 となりますので、基準となる労災保険率より 1000 分の 3.36 だけ高くなっています。」

Q 「私の会社では労働者を 50 人使用しており、その全ての労働者に支払った賃金総額は 2 億 1000 万円ですが、労災保険料にするとどのくらい高くなっているのですか。」

A 「貴方の事業場の労災保険料は、賃金総額 2 億 1000 万円にメリット制適用後の労災保険率 1000 分の 12.36 を乗じた額であり、

労災保険料＝賃金総額×労災保険率（メリット増減後）

$$= 210{,}000{,}000\,\text{円} \times \frac{12.36}{1000} = 2{,}595{,}600\,\text{円}$$

となります。

もし、メリット制で労災保険率が高くなっていなければ、賃金総額に乗ずる労災保険率は 1000 分の 9 ですので、

$$労災保険料 = 賃金総額 \times 労災保険率$$

$$= 210,000,000\text{円} \times \frac{9}{1000} = 1,890,000\text{円}$$

となり、その差額の 70 万 5600 円が割増しとなっています。」

Q 「労働災害があるかないかで、これほど労災保険料が違うのですか。」

労働災害がなければ、労災保険料は下がる

Q 「メリット制で割引となると、どのくらいの労災保険料になるのですか。」

A 「仮に、貴方の会社で労働災害を起こさずにメリット制により最大の 40%の割引となった場合の労災保険率は、

$$\begin{pmatrix} \text{メリット増減後の} \\ \text{労災保険率} \end{pmatrix} = \left(\begin{matrix} \text{基準となる} \\ \text{労災保険率} \end{matrix} - \begin{matrix} \text{非業務} \\ \text{災害率} \end{matrix} \right) \times \frac{(100 + 増減率（\%）)}{100} + \begin{matrix} \text{非業務} \\ \text{災害率} \end{matrix}$$

$$= \left(\frac{9}{1000} - \frac{0.6}{1000} \right) \times \frac{(100 - 40（\%）)}{100} + \frac{0.6}{1000}$$

$$= \frac{5.64}{1000}$$

1000 分の 5.64 となり、労災保険料にすると、

$$労災保険料 = 賃金総額 \times 労災保険率（メリット増減後）$$

$$= 210,000,000\text{円} \times \frac{5.64}{1000} = 1,184,400\text{円}$$

となります。

　この額と貴方の現在の労災保険料である259万5600円とを比べると、2倍以上の差となり、額にして141万1200円も安くなります。

　労働者のためにも、労働災害防止活動等を積極的に行って災害をなくすよう努力してください。」

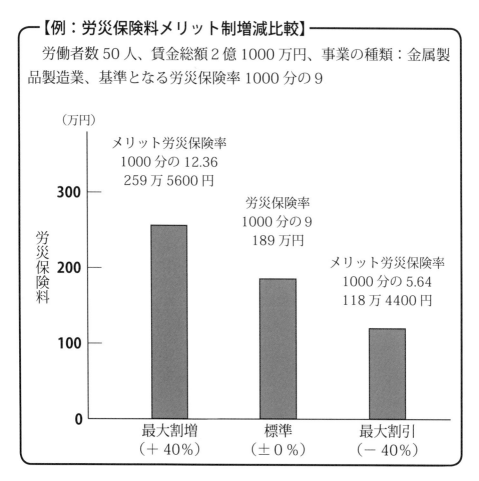

【例：労災保険料メリット制増減比較】

　労働者数50人、賃金総額2億1000万円、事業の種類：金属製品製造業、基準となる労災保険率1000分の9

（万円）

メリット労災保険率
1000分の12.36
259万5600円

労災保険率
1000分の9
189万円

メリット労災保険率
1000分の5.64
118万4400円

300

200

100

0

労災保険料

最大割増
（＋40％）

標準
（±0％）

最大割引
（－40％）

今後の労働災害をなくせば、労災保険料は下がる

Q 「労働災害を発生させた場合とさせない場合とでは、こんなに保険料が違うのですか。

　　これからもずっとこんな高い保険料を払い続けなければならないのですか。」

A 「いいえ、１つの労災事故がいつまでもメリット制に影響するわけではありません。貴方の会社のように継続して事業を行っているところでは、最近３年間の労災保険料と労災保険給付のメリット収支率を基に労災保険率を増減させていますので、これからでも労働災害をなくしていけば労災保険料は安くすることができます。」

Q 「今まで景気が悪くていっぱいいっぱいの状況であり、労働災害防止については朝礼の時に時々労働者に注意していたぐらいでした。労災事故をなくしていくことは、経営に大きく影響することがよくわかりました。死亡災害を起こした時は、その労働者の家族に申し訳ないと思いました。その時、労災保険から家族に保険給付を支払っていただいて、私も感謝した記憶があります。今後は労働災害防止活動に積極的に取り組み、労働災害を発生させないように致します。」

その後、事業主Qは労働災害防止活動を積極的に行い、無災害が続きました。3年後、今回は労災保険料の申告に来ているところです。

無災害にはメリットがいろいろある

Q「あれから、安全衛生管理体制の確立、6S（整理、整頓、清掃、清潔、しつけ、整備）の徹底、作業標準の作成、設備の安全化、安全教育の推進、健康管理など一生懸命労働災害防止活動を進めたところ、労働災害がなく無災害で推移しました。

　おかげをもちまして、今回の労災保険料ではメリット制で最大の40％の割引となり、労災保険料を大変安くすることができました。

　また、安全管理等の確立は労働災害をなくしただけでなく、明るい職場を作ると同時に安全教育を通じて職場の規律が図られ、さらに、作業を標準化することにより作業のムリ、ムダ、ムラを排除したため、作業効率の向上、製品の品質の向上にもつながり、前よりも事業収益が上がり二重の喜びを感じています。

　さらに、会社のイメージアップにもつながり、優秀な人材も私の会社に来てくれるようになりました。」

労働災害発生に係る損失

A 「そうなんです、安全と能率は表裏一体であるといわれています。これからも引き続き労働災害の防止に積極的に取り組んで下さい。

　　また、一度労働災害が発生すると、それに係る損失は労災保険関係だけでなく、いろいろなことに影響します。

　　例えば、直接的な経費として、

○　民事損害賠償額

○　メリット制による労災保険料の割増負担額

などの損失が発生します。

　　また、間接的に、

○　被災労働者の労働損失時間に相当する生産額

○　労働災害発生に伴う作業停止による上司、同僚労働者等の労働損失時間に相当する生産額

○ 機械、設備、工具その他の生産設備の破損による損害

○ 原材料の損傷による損失

○ 製品の納期遅延に伴う違約金等の支払金

○ 被災労働者の職場復帰のために要する諸費用

などの損失があり、その損失額は膨大となります。

　このように、労働災害を発生させるといろんな損失が発生しますので、災害防止に努めて下さい。」

業界全体でも労働災害が少なくなれば、労災保険率は下がる

Q 「ところで、標準の労災保険料を低くするには、どのようにすればよいのですか。」

A 「労災保険率は、事業の種類ごとに過去３年間に発生した業務災害、複数業務要因災害および通勤災害等に係る保険給付の種類ごとの受給者数、および平均受給期間等を基に算出した保険給付に要する費用の予想額を基礎として、過去３年間に発生した業務災害および通勤災害の災害率等により定められています。つまり、貴方の業種全体の過去３年間の災害発生率、労災保険の収支率（保険給付等／保険料）を良くすることにより、標準の労災保険率を下げることができます。また、この労災保険率は概ね３年に一度見直しを行っています。

　このため、貴方の会社で行っている労働災害防止活動を業界全体に広げ、業界全体で災害が減少すれば、労災保険率を下げることができます。」

Q 「そうですか、労災保険率は過去の災害発生状況によって、高くなったり低くなったりするわけですね。そうしますと、私の会社で過去に死亡災害を発生させたことは、他の会社の労災保険料の負担を多くしていたのですね。メリット制で労災保険料を多く支払っていた時は、他の会社の保険料は安くて不公平だと思っていましたが、今の話を聞いて申し訳ないと感じています。これからは、私の会社における労働災害防止活動の方法を他の会社にも伝えていきたいと思います。」

第2部

メリット制Q＆A

第1章　労災保険料の原則

Q 1

労災保険料は誰が負担するのですか。

≪労災保険料は事業主が負担≫

　労災保険は、労働者が業務上の事由または通勤により災害を被った場合に、当該労働者およびその遺族等に対してその災害によって受けた損害の回復またはてん補を保険の仕組みによって行う制度です。

　労働者の業務上の事由による災害（業務災害）については、労働基準法において使用者に一定限度の無過失損害賠償責任を負わせており、これを担保するために設けられた労災保険においては、他の社会保険と異なり、保険料は事業主が全額負担することとされています。

　また、通勤による災害（通勤災害）は直接使用者の支配・管理下にない状態の下での災害ですが、通勤は労働者が労務を提供するために不可欠な行為であること、通勤の遠距離化等により、その途上での災害も社会的保護により救済すべき性格が強いこと等から、労災保険の仕組みの中で保護することとされています。

　その他の労災保険制度の上の給付として、事業主が同一でない複数の事業に同時に使用される労働者（複数事業労働者）の、複数の事業の業務を要因とする傷病等に対する複数業務要因災害に関する保険給付があります。

　また、事業主が実施する労働安全衛生法の規定に基づく定期健康診断等において、「過労死」等の原因である脳・心臓疾患に関連する一定の項目について異常の所見があると診断された労働者

に対して、二次健康診断等給付があります。

　したがって、事業主の負担する労災保険料には、複数業務要因災害に係る保険給付、通勤災害に係る保険給付および二次健康診断等給付に係る給付を賄う分も含まれています。

 2

労災保険料はどのように算出するのですか。

≪賃金総額に労災保険率を乗じた額≫

○○。

　労災保険の保険料額は、その事業場に雇用されるすべての労働者に支払われる賃金総額に対して、その事業の種類に応じて災害率等により定められている労災保険率を乗じた額を基本とします。

　　労災保険料＝賃金総額×労災保険率

　なお、メリット制の適用となる事業については、労働災害の多寡に応じて労災保険率が増減され、労災保険料を増額し、または減額されます。

Q3

賃金総額に含める賃金の範囲を教えてください。

≪賃金総額に含める賃金は労働の対償として支払うもの。ただし建設事業等には、賃金総額の算定に当たって、請負金額に労務費率を乗じた額とする特例がある≫

（1）賃金の範囲

　労災保険料の算定に用いる賃金とは、労働保険の保険料の徴収等に関する法律（徴収法）第2条第2項で「賃金、給料、手当、賞与その他名称のいかんを問わず、労働の対償として事業主が労働者に支払うもの」と規定されており、通貨で支払われるもののみに限らず、一定範囲の現物給与も含まれます。

　具体的には次ページの賃金総額算入早見表のとおりとなります。

労働保険料等の算定基礎となる賃金早見表（例示）

算入するもの	
支給金銭等の種類	内　　　　容
基本賃金	時間給、日給・月給、臨時・日雇労働者・パート・アルバイトに支払う賃金
賞与	夏季・年末などに支払うボーナス
通勤手当	非課税分を含む
定期券・回数券	通勤のために支給する現物給与
超過勤務手当、深夜手当 等	通常の勤務時間以外の労働に対して支払う残業手当 等
扶養手当、子供手当、家族手当	労働者本人以外の者について支払う手当
技能手当、特殊作業手当、教育手当	労働者個々の能力、資格等に対して支払う手当や、特殊な作業に就いた場合に支払う手当
調整手当	配置転換・初任給等の調整手当
地域手当	寒冷地手当・地方手当・単身赴任手当 等
住宅手当	家賃補助のために支払う手当
奨励手当	精勤手当・皆勤手当 等
物価手当、生活補給金	家計補助の目的で支払う手当
休業手当	労働基準法第 26 条の規定に基づき、事業主の責に帰すべき事由により支払う手当
宿直・日直手当	宿直・日直等の手当
雇用保険料、社会保険料 等	労働者の負担分を事業主が負担する場合
昇給差額	離職後支払われた場合でも在職中に支払いが確定したものを含む
前払い退職金	支給基準・支給額が明確な場合は原則として含む

その他	不況対策による賃金からの控除分が労使協定に基づき遡って支払われる場合の給与

算入しないもの	
金銭等の種類	内　　　　容
役員報酬	取締役等に対して支払う報酬
結婚祝金、死亡弔慰金、災害見舞金、年功慰労金、勤続褒賞金、退職金	就業規則・労働協約等の定めがあるとないとを問わない
出張旅費、宿泊費	実費弁償と考えられるもの
工具手当、寝具手当	労働者が自己の負担で用意した用具に対して手当を支払う場合
休業補償費	労働基準法第76条の規定に基づくもの。法定額60%を上回った差額分を含めて賃金としない
傷病手当金	健康保険法第99条の規定に基づくもの
解雇予告手当	労働基準法第20条に基づいて労働者を解雇する際、解雇日の30日以前に予告をしないで解雇する場合に支払う手当
財産形成貯蓄等のため事業主が負担する奨励金 等	勤労者財産形成促進法に基づく勤労者の財産形成貯蓄を援助するために事業主が一定の率または額の奨励金を支払う場合（持株奨励金など）
会社が全額負担する生命保険の掛け金	従業員を被保険者として保険会社と生命保険等厚生保険の契約をし、事業主が保険料を全額負担するもの
持家奨励金	労働者が持家取得のため融資を受けている場合で事業主が一定の率または額の利子補給金等を支払う場合
住宅の貸与を受ける利益（福利厚生施設として認められるもの）	ただし、住宅貸与されない者全員に対し（住宅）均衡手当を支給している場合は、貸与の利益が賃金となる場合がある

（2）賃金総額算定の特例

　請負による建設事業等については、賃金総額の算定について特例措置が設けられています。例えば、請負によって行われる建設の事業については、保険関係が元請に一括され、労災保険料は全額元請人が支払うことになっています。しかし、この場合、すべての下請負事業の労働者の賃金を元請負人が把握することが困難な場合があります。そこで、そのような場合には、特例としてその事業の請負金額[注]に事業の種類に応じて定められている労務費率を乗じて得た額を、賃金総額とみなすことができます。この建設の事業の種類別の労務費率は下表のとおりです。

　　賃金総額の特例

　　　賃金総額＝請負金額×労務費率

（注）平成27年4月1日から、請負金額には消費税および地方消費税に相当する額は含めないことになりました（平成27年4月1日前に保険関係が消滅した事業については経過措置が設けられています）。

労務費率表

（令和6年4月1日）

事業の種類の細目	事業の種類	請負金額に乗ずる率
建設事業	水力発電施設、ずい道等新設事業	19%
	道路新設事業	19%
	舗装工事業	17%
	鉄道または軌道新設事業	19%
	建築事業（既設建築物設備工事業を除く。）	23%
	既設建築物設備工事業	23%
	機械装置の組立てまたは据付けの事業 　組立てまたは取付けに関するもの 　その他のもの	38% 21%
	その他の建設事業	23%

Q4

事業の種類別の労災保険率を教えてください。

≪事業の種類ごとに設定≫

令和6年4月現在の労災保険率は、次ページの労災保険率表のとおり54の事業の種類別に定められています。最低は1000分の2.5、最高は1000分の88となっており、事業の種類により災害率等が大きく異なることから、労災保険率にもかなりの差があります。例えば、菓子の製造を行っている事業では、労災保険率表の事業の種類は食料品製造業となりますので、労災保険率は1000分の5.5となります。

なお、この労災保険率は概ね3年に1度見直しされており、事業の種類ごとの災害率、労災保険の収支状況等により変動することとなります。

労災保険率表

事業の種類の分類	事業の種類の番号	事業の種類	労災保険率
林　業	02または03	林　業	1000分の52
漁　業	11	海面漁業（定置網漁業または海面魚類養殖業を除く。）	1000分の18
	12	定置網漁業または海面魚類養殖業	1000分の37
鉱　業	21	金属鉱業、非金属鉱業（石灰石鉱業またはドロマイト鉱業を除く。）または石炭鉱業	1000分の88
	23	石灰石鉱業またはドロマイト鉱業	1000分の13
	24	原油または天然ガス鉱業	1000分の2.5
	25	採石業	1000分の37
	26	その他の鉱業	1000分の26
建設業	31	水力発電施設、ずい道等新設事業	1000分の34
	32	道路新設事業	1000分の11
	33	舗装工事業	1000分の9
	34	鉄道または軌道新設事業	1000分の9
	35	建築事業（既設建築物設備工事業を除く。）	1000分の9.5
	38	既設建築物設備工事業	1000分の12
	36	機械装置の組立てまたは据付けの事業	1000分の6
	37	その他の建設事業	1000分の15
製造業	41	食料品製造業	1000分の5.5
	42	繊維工業または繊維製品製造業	1000分の4
	44	木材または木製品製造業	1000分の13
	45	パルプまたは紙製造業	1000分の7
	46	印刷または製本業	1000分の3.5
	47	化学工業	1000分の4.5
	48	ガラスまたはセメント製造業	1000分の6
	66	コンクリート製造業	1000分の13
	62	陶磁器製品製造業	1000分の17
	49	その他の窯業または土石製品製造業	1000分の23
	50	金属精錬業（非鉄金属精錬業を除く。）	1000分の6.5
	51	非鉄金属精錬業	1000分の7
	52	金属材料品製造業（鋳物業を除く。）	1000分の5
	53	鋳物業	1000分の16

	54	金属製品製造業または金属加工業（洋食器、刃物、手工具または一般金物製造業およびめつき業を除く。）	1000分の9
	63	洋食器、刃物、手工具または一般金物製造業（めつき業を除く。）	1000分の6.5
	55	めつき業	1000分の6.5
	56	機械器具製造業（電気機械器具製造業、輸送用機械器具製造業、船舶製造または修理業および計量器、光学機械、時計等製造業を除く。）	1000分の5
	57	電気機械器具製造業	1000分の3
	58	輸送用機械器具製造業（船舶製造または修理業を除く。）	1000分の4
	59	船舶製造または修理業	1000分の23
	60	計量器、光学機械、時計等製造業（電気機械器具製造業を除く。）	1000分の2.5
	64	貴金属製品、装身具、皮革製品等製造業	1000分の3.5
	61	その他の製造業	1000分の6
運輸業	71	交通運輸事業	1000分の4
	72	貨物取扱事業（港湾貨物取扱事業および港湾荷役業を除く。）	1000分の8.5
	73	港湾貨物取扱事業（港湾荷役業を除く。）	1000分の9
	74	港湾荷役業	1000分の12
電気、ガス、水道または熱供給の事業	81	電気、ガス、水道または熱供給の事業	1000分の3
その他の事業	95	農業または海面漁業以外の漁業	1000分の13
	91	清掃、火葬またはと畜の事業	1000分の13
	93	ビルメンテナンス業	1000分の6
	96	倉庫業、警備業、消毒または害虫駆除の事業またはゴルフ場の事業	1000分の6.5
	97	通信業、放送業、新聞業または出版業	1000分の2.5
	98	卸売業・小売業、飲食店または宿泊業	1000分の3
	99	金融業、保険業または不動産業	1000分の2.5
	94	その他の各種事業	1000分の3

船舶所有者の事業	90	船舶所有者の事業	1000分の42

Q5

労災保険率の設定方法を教えてください。

≪事業の種類ごとの過去３年間の災害率等を基に設定≫

（1）労災保険財政の基本原則

　労災保険は当然のことながら「保険」であることから、「危険にさらされている多数の対象を１つの集団として捉え、全体として支出（保険給付等）と収入（保険料）が均衡するように共通の原資を確保し、そのことによって危険の分散を図る」というシステムを採っています。ここで言う「１つの集団」とは事業の種類ごとの事業主の集まりをいい、その集団ごとに将来にわたって収支が均衡するように労災保険率が定められています。

　また、集団の構成員には災害率に応じた負担が求められます。災害率は作業態様等の差異から業種によって異なり、例えばデパート等の小売業では災害率が低く、トンネル工事などでは災害率が高くなっており、労働災害の多い業種ほど保険給付の支払いは多くなります。このような状況のなかで、全業種の労働者を対象に均一に保険料を負担させることは不公平となるため、労災保険では事業の種類別に労災保険率を設定しており、災害率が高い業種ほど労災保険率を高くすることで、結果として保険料負担の公平を図っています。

（2）労災保険率の設定方法

　労災保険率は、徴収法第12条第2項で「保険給付及び社会復帰促進等事業に要する費用の予想額に照らし、将来にわたって、労災保険の事業に係る財政の均衡を保つことができるものでなければならない」ものとし、「労災保険法の適用を受けるすべての事業の過去3年間の業務災害、複数業務要因災害及び通勤災害に係る災害率並びに二次健康診断等給付に要した費用の額、社会復帰促進等事業として行う事業の種類及び内容その他の事情を考慮して」定めることとしています。この規定を受けて、徴収法施行令第1項に労災保険率の算定方法について「事業の種類ごとに、過去3年間に発生した業務災害、複数業務要因災害及び通勤災害に係る保険給付の種類ごとの受給者数及び平均受給期間、過去3年間の二次健康診断等給付の受給者数その他の事項に基づき算定した保険給付に要する費用の予想額を基礎とし、…過去3年間の業務災害、複数業務要因災害及び通勤災害に係る災害率並びに二次健康診断等給付に要した費用の額、社会復帰促進等事業として行う事業の種類及び内容、労災保険事業の事務の執行に要する費用の予想額その他の事情を考慮して定めるものとする。」と規定されています。この規定を基に、保険給付等費用に係る料率は以下の財政方式で算定しています。

労災保険で行われている給付の内容を大きく分けますと、療養補償給付、休業補償給付、一時金等のように一時的あるいは短い期間で給付が終了する短期給付と、労働者が死亡した場合の遺族補償年金、障害の程度が重い場合の障害補償年金のように年金の形で支給される長期給付に分けることができます。

　短期給付の費用負担の方法については、短期給付の原因となる労働災害の発生から給付までの時間的経過が短いものであり、負担を後世代に繰り延べることがないため、一定期間（3年間）の収入と支出が均衡する「純賦課方式」によって労災保険率を算定しています。

　一方、年金等の長期給付は短期給付と状況が異なり、事故発生以降長い場合は30年以上にもわたり給付をすることになります。それらの給付に必要な費用をいかに徴収するかですが、1つは短期給付と同じように各年度に必要な額をその年度に徴収する方法が考えられます。しかし、これでは30年前に起きた労災事故についての給付費用を事故に全く責任のない後世代の事業主に負担を求めることになり、いわゆる世代間での負担の不公平が生ずることになります。

　そのため、労災保険においては、労災事故を起こした責任は労災事故を発生させた事業主、つまり、その時点の事業主が負うべきであるという観点から、将来にわたって年金を給付するに必要な費用は、事故を起こした時点の事業主が負担する「充足賦課方式」を採用しています。この方式による将来の年金給付費用の算定に当たっては、将来の利子収入等も考慮しています。そして、収入のうち当年度の給付に要した費用分以外は、積立金として保有することとなり、将来の年金給付の原資となっています。

労災保険率の適用事業の単位を教えてください。

≪原則として一定の場所で一定の組織のもとの事業は一の事業≫

（1）事業の概念

　労災保険における事業とは、労働者を使用して行われる活動をいい、工場、建設現場、商店等のように利潤を目的とする経済活動のみならず、社会奉仕、宗教伝道等のごとく利潤を目的としない活動も含まれます。

（2）適用単位としての事業

　一定の場所において、一定の組織の下に相関連して行われる作業の一体は、原則として一の事業として取り扱われます。

① 継続事業

　工場、鉱山、事務所等のごとく、事業の性質上事業の期間が一般的には予定し得ない事業を継続事業といいます。

　継続事業については、同一場所にあるものは分割することなく一の事業とし、場所的に分離されているものは別個の事業として取り扱われます。したがって、企業全体を一の適用事業とするものではなく、例えば場所的にも独立した工場等を数工場有する企業のような場合は、各工場等がそれぞれ別個の適用単位の事業となります。

　ただし、同一の場所にあっても、その活動の場を明確に区分することができ、経理、人事、経営等業務上の指揮監督を異にする部門があって、活動組織上独立したものと認められる場合には、独立した事業として取り扱われます。例えば、工

場内の製品企画部門などで、工場とは活動組織上独立したものと認められる場合は、その部門を工場と独立した適用事業として取り扱います。

　また、場所的に独立しているものであっても、出張所、支所、事務所等で労働者が少なく、組織的に直近の事業に対し独立性があるとは言い難いものについては、直近の事業に包括して全体を一の事業として取り扱います。

② 　有期事業

　立木の伐採の事業、建物の建築の事業等、事業の性質上一定の目的を達するまでの間に限り活動を行う事業を有期事業といいます。

　有期事業については、当該一定の目的を達するために行われる作業の一体を一の事業として取り扱います。つまり、数次の請負による建設の事業については、建設現場における下請も含めて元請の一の事業として取り扱います。

　ただし、国または地方公共団体等が発注する長期間にわたる工事であって、予算上等の都合により予め分割して発注される工事については、分割された各工事を一の事業として取り扱います。

③ 　有期事業の一括

　同一の事業主が、建設の事業または立木の伐採の事業を2以上行う場合において、それぞれの有期事業が次の条件を満たしているときは、それらの有期事業を一括して1つの継続事業とみなして保険事務が処理されます。

　イ．事業主が同一であること

　ロ．それぞれの事業が、建設の事業または立木の伐採の事業のいずれか一方のみに属するものであること

　ハ．それぞれの事業の規模が、概算保険料の額で160万円

未満であり、かつ、建設の事業にあっては請負金額が1億8000万円未満※、立木の伐採の事業にあっては、素材の見込生産量が1000立方メートル未満であること

ニ. それぞれの事業が他のいずれかの事業と同時に行われること

ホ. 建設の事業については、それぞれの事業が「労災保険率表」による事業の種類を同じくすること。すなわち、同一の労災保険率が適用される事業であること

ヘ. それぞれの事業の保険料の納付事務が1つの事務所で取り扱われること

※ 「請負金額」の要件は、従来「1億9000万円以上（消費税相当を含む。）」でしたが、平成27年4月1日に改正され、「1億8000万円以上（消費税相当額を除く。）」と定められました。

労災保険の事業の種類は、どのように決定されますか。

≪労災保険率適用事業細目表により決定≫

○○。

1つの事業の事業の種類の決定は、主たる業態に基づき、「労災保険率適用事業細目表（昭和47年労働省告示第16号。以下「事業細目表」という）によることになります。

ただし、建設事業における事業の種類、製造業における構内下請事業の事業の種類および労働者派遣事業における事業の種類は、次のように決定します。

（1）建設事業

① 建設事業における事業の種類は、請負契約の形態（分割請負、一括請負等）および併せて行われる工事の内容如何にかかわらず、事業細目表に照らし完成されるべき工作物により決定します。

② 完成されるべき工作物により難い場合には、主たる工事、作業内容によります。この場合の主たる工事、作業の判断は、それぞれの工事、作業に係る賃金総額の多寡によります。

（2）構内下請事業

① 製造業に属する事業の事業場構内においてもっぱら作業を行う事業（以下「構内下請事業」という）であって、当該製造業に属する事業（以下「親事業」という）の主たる製品を製造する工程における作業および当該工程に直接附

帯する作業の一部を行う事業は、親事業と同種の事業の種類に分類します。

② 親事業が主たる製品以外の製品を製造している場合には、当該主たる製品以外の製品を製造する工程における作業および当該工程に直接附帯する作業の一部を行う事業は、当該主たる製品以外の製品を製造する工程を一の事業とみなした場合に適用される事業の種類に分類します。

（3）労働者派遣事業

① 労働者派遣法に基づく労働者派遣を行う事業については、労働者派遣法第2条第2号に規定する派遣労働者を含めた派遣元事業を一の事業として取り扱いますが、この事業の種類は、派遣労働者の派遣先での作業実態に基づき決定します。

② 派遣労働者の派遣先での作業実態が数種にわたる場合には、主たる作業実態に基づき事業の種類を決定し、この場合の主たる作業実態は、それぞれの作業に従事する派遣労働者の数、当該派遣労働者に係る賃金総額等により判断します。

③ 労働者派遣事業と他の事業を一の事業として併せて行う事業であって適用上一の事業として扱うものについては、その主たる業態に基づき事業の種類を決定します。

労災保険率適用事業細目表

（平成 28 年 4 月 1 日　改正）

事業の種類の分類	事業の種類の番号	事業の種類	事業の種類の細目	備　考
林　業	02 又は 03	林業	A　木材伐出業 0201　伐木、造材、集材若しくは運材の事業又はこれらに付随する事業 B　その他の林業 0301　植林若しくは造林の事業又はこれらに付随する事業 0302　竹の伐出業 0304　薪の切出製造若しくは木炭の製造又はこれらに付随する搬出の事業 0303　その他の各種林業	
漁　業	11	海面漁業（（12）定置網漁業又は海面魚類養殖業を除く。）	1101　海面において行う水産動物（貝類を除く。）の採捕の事業	
	12	定置網漁業又は海面魚類養殖業	1201　海面において定置網を用いて行う漁業 1202　海面において行う魚類の養殖の事業	

鉱　業	21	金属鉱業、非金属鉱業（（23）石灰石鉱業又はドロマイト鉱業を除く。）又は石炭鉱業	2101	金属鉱業 金鉱、銀鉱、銅鉱、鉛鉱、蒼鉛鉱、すず鉱、アンチモニー鉱、水銀鉱、亜鉛鉱、鉄鉱、硫化鉄鉱、クローム鉄鉱、マンガン鉱、タングステン鉱、モリブデン鉱、砒鉱、ニッケル鉱、コバルト鉱、ウラン鉱又はトリウム鉱の鉱業	(2601) 砂鉱業、(2602) 石炭選別業及び (2603) 亜炭鉱業（亜炭選別業を含む。）を除く。
			2102	非金属鉱業 りん鉱、黒鉛、アスファルト、硫黄、石膏、重晶石、明ばん石、ほたる石、石綿、けい石、長石、ろう石、滑石又は耐火粘土の鉱業	
			2103	無煙炭鉱業	
			2104	れき青炭鉱業	
			2105	その他の石炭鉱業	
	23	石灰石鉱業又はドロマイト鉱業	2301	石灰石鉱業又はドロマイト鉱業	
	24	原油又は天然ガス鉱業	2401	原油鉱業	
			2402	天然ガス鉱業又は圧縮天然ガス生産業	
	25	採石業	2501	花こう岩、せん緑岩、斑糲岩、かんらん岩、斑岩、玢岩、輝緑岩、粗面岩、安山岩、玄武岩、礫岩、砂岩、頁岩、粘板岩、ぎょう灰岩、片麻岩、蛇紋岩、結晶片岩、ベント	(2604) 砂利、砂等の採取業を除き、一貫して行う岩石又は粘土（耐火粘土

				ナイト、酸性白土、けい そう土、陶石、雲母又は ひる石の採取業	を 除 く。) の破砕等の (4901) そ
			2502	その他の岩石又は粘土 （耐火粘土を除く。）等の 採取業	の他の窯業 又は土石製 品製造業を 含む。
	26	その他の 鉱業	2601 2602 2603	砂鉱業 石炭選別業 亜炭鉱業（亜炭選別業を 含む。）	
			2604	砂利、砂等の採取業	
建 設 事 業	31	水力発電 施 設、隧 道等新設 事業	3101	水力発電施設新設事業 水力発電施設の新設に関 する建設事業及びこれに 附帯して当該事業現場内 において 行われる事業 （発電所又は変電所の家 屋の建築事業、水力発電 施設新設事業現場に至る までの工事用資材の運送 のための道路、鉄道又は 軌道の建設事業、建設工 事用機械以外の機械若し くは鉄管の組立て又はす え付けの事業、送電線路 の建設事業及び水力発電 施設新設事業現場外にお ける索道の建設事業を除 く。）	

			3102	高えん堤新設事業 基礎地盤から堤頂までの高さ20メートル以上のえん堤（フィルダムを除く。）の新設に関する建設事業及びこれに附帯して当該事業現場内において行われる事業（高えん堤新設事業現場に至るまでの工事用資材の運送のための道路、鉄道又は軌道の建設事業、建設工事用機械以外の機械の組立て又はすえ付けの事業及び高えん堤新設事業現場外における索道の建設事業を除く。）
			3103	隧道新設事業 隧道の新設に関する建設事業、隧道の内面巻替えの事業及びこれらに附帯して当該事業現場内において行われる事業（隧道新設事業の態様をもって行われる道路、鉄道、軌道、水路、煙道、建築物等の建設事業（推進工法による管の埋設の事業を除く。）を含み、内面巻立て後の隧道内において路面ほ装、砂利散布又は軌条の敷設を行う事業及び内面巻立て後の隧道内における建築物の建設事業を除く。）

32	道路新設事業	3201	道路の新設に関する建設事業及びこれに附帯して行われる事業	(3103) 隧道新設事業及び (35) 建築事業を除く。
33	ほ装工事業	3301	道路、広場、プラットホーム等のほ装事業	
		3302	砂利散布の事業	
		3303	広場の展圧又は芝張りの事業	
34	鉄道又は軌道新設事業		次に掲げる事業及びこれに附帯して行われる事業（建設工事用機械以外の機械の組立て又はすえ付けの事業を除く。）	(3103) 隧道新設事業及び (35) 建築事業を除く。
		3401	開さく式地下鉄道の新設に関する建設事業	
		3402	その他の鉄道又は軌道の新設に関する建設事業	
35	建築事業（(38) 既設建築物設備工事業を除く。）		次に掲げる事業及びこれに附帯して行われる事業（建設工事用機械以外の機械の組立て又はすえ付けの事業を除く。）	
		3501	鉄骨造り又は鉄骨鉄筋若しくは鉄筋コンクリート造りの家屋の建設事業（(3103) 隧道新設事業の態様をもって行われるものを除く。）	
		3502	木造、れんが造り、石造り、ブロック造り等の家屋の建設事業	
		3503	橋りょう建設事業	
		イ	一般橋りょうの建設事業	

			ロ	道路又は鉄道の鉄骨鉄筋若しくは鉄筋コンクリート造りの高架橋の建設事業
			ハ	跨線道路橋の建設事業
			ニ	さん橋の建設事業
			3504	建築物の新設に伴う設備工事業（（3507）建築物の新設に伴う電気の設備工事業及び（3715）さく井事業を除く。）
			イ	電話の設備工事業
			ロ	給水、給湯等の設備工事業
			ハ	衛生、消火等の設備工事業
			ニ	暖房、冷房、換気、乾燥、温湿度調整等の設備工事業
			ホ	工作物の塗装工事業
			ヘ	その他の設備工事業
			3507	建築物の新設に伴う電気の設備工事業
			3508	送電線路又は配電線路の建設（埋設を除く。）の事業
			3505	工作物の解体（一部分を解体するもの又は当該工作物に使用されている資材の大部分を再度使用することを前提に解体するものに限る。）、移動、取りはずし又は撤去の事業

			3506	その他の建築事業	
			イ	野球場、競技場等の鉄骨造り又は鉄骨鉄筋若しくは鉄筋コンクリート造りのスタンドの建設事業	
			ロ	たい雪覆い、雪止め柵、落石覆い、落石防止柵等の建設事業	
			ハ	鉄塔又は跨線橋（跨線道路橋を除く。）の建設事業	
			ニ	煙突、煙道、風洞等の建設事業（（3103）隧道新設事業の態様をもって行われるものを除く。）	
			ホ	やぐら、鳥居、広告塔、タンク等の建設事業	
			ヘ	門、塀、柵、庭園等の建設事業	
			ト	炉の建設事業	
			チ	通信線路又は鉄管の建設（埋設を除く。）の事業	
			リ	信号機の建設事業	
			ヌ	その他の各種建築事業	
	38	既設建築物設備工事業	3801	既設建築物の内部において主として行われる次に掲げる事業及びこれに附帯して行われる事業（建設工事用機械以外の機械の組立て又はすえ付けの事業、（3802）既設建築物の内部において主として行われる電気の設備工事業及び（3715）さく井事業を除く。）	

			イ　電話の設備工事業	
			ロ　給水、給湯等の設備工業	
			ハ　衛生、消火等の設備工業	
			ニ　暖房、冷房、換気、乾燥、温湿度調整等の設備工業	
			ホ　工作物の塗装工事業	
			ヘ　その他の設備工事業	
			3802　既設建築物の内部において主として行われる電気の設備工事業	
			3803　既設建築物における建具の取付け、床張りその他の内装工事業	
	36	機械装置の組立て又はすえ付けの事業	次に掲げる事業及びこれに附帯して行われる事業 3601　各種機械装置の組立て又はすえ付けの事業 3602　索道建設事業	
	37	その他の建設事業	次に掲げる事業及びこれに附帯して行われる事業 3701　えん堤の建設事業（(3102) 高えん堤新設事業を除く。) 3702　隧道の改修、復旧若しくは維持の事業又は推進工法による管の埋設の事業（(3103) 内面巻替えの事業を除く。) 3703　道路の改修、復旧又は維持の事業	(33) ほ装工事業及び(3505) 工作物の解体（一部分を解体するもの又は当該工作物に使用されている資材の大部分を再度使用するこ

			3704	鉄道又は軌道の改修、復旧又は維持の事業	とを前提に解体するものに限る。）、移動、取りはずし又は撤去の事業を除く。
			3705	河川又はその附属物の改修、復旧又は維持の事業	
			3706	運河若しくは水路又はこれらの附属物の建設事業	
			3707	貯水池、鉱毒沈澱池、プール等の建設事業	
			3708	水門、樋門等の建設事業	
			3709	砂防設備（植林のみによるものを除く。）の建設事業	
			3710	海岸又は港湾における防波堤、岸壁、船だまり場等の建設事業	
			3711	湖沼、河川又は海面の浚渫、干拓又は埋立ての事業	
			3712	開墾、耕地整理又は敷地若しくは広場の造成の事業（一貫して行う（3719）造園の事業を含む。）	
			3719	造園の事業	
			3713	地下に構築する各種タンクの建設事業	
			3714	鉄管、コンクリート管、ケーブル、鋼材等の埋設の事業	
			3715	さく井事業	
			3716	工作物の解体事業	
			3717	沈没物の引揚げ事業	
			3718	その他の各種建設事業	
製造業	41	食料品製造業	4101	食料品製造業	
			4112	たばこ等製造業	

42	繊維工業又は繊維製品製造業	4201	繊維工業又は繊維製品製造業	
44	木材又は木製品製造業	4401	木材又は木製品製造業	(6108)竹、籐又はきりゅう製品製造業を除く。
45	パルプ又は紙製造業	4501	パルプ又は紙製造業	
46	印刷又は製本業	4601	印刷又は製本業	
47	化学工業	4701	化学工業	(42)繊維工業又は繊維製品製造業及び(6110)くずゴム製品製造業を除く。
48	ガラス又はセメント製造業	4801	ガラス又はセメント製造業	
66	コンクリート製造業	6601	コンクリート製造業	
62	陶磁器製品製造業	6201	陶磁器製品製造業	
49	その他の窯業又は土石製品製造業	4901	その他の窯業又は土石製品製造業	

50	金属精錬業（（51）非鉄金属精錬業を除く。）	5001	金属精錬業	一貫して行う（52）金属材料品製造業を含む。
51	非鉄金属精錬業	5101	非鉄金属精錬業	一貫して行う（52）金属材料品製造業を含む。
52	金属材料品製造業（（53）鋳物業を除く。）	5201	金属材料品製造業	一貫して（50）金属精錬業又は（51）非鉄金属精錬業を行うものを除く。
53	鋳物業	5301	鋳物業	
54	金属製品製造業又は金属加工業（（63）洋食器、刃物、手工具又は一般金物製造業及び（55）めつき業を除く。）	5401	金属製品製造業又は金属加工業	
63	洋食器、刃物、手工具又は	6301	洋食器、刃物、手工具又は一般金物製造業	

		一般金物製造業（(55)めつき業を除く。）	
55	めつき業	5501　めつき業	
56	機械器具製造業（(57)電気機械器具製造業、(58)輸送用機械器具製造業、(59)船舶製造又は修理業及び(60)計量器、光学機械、時計等製造業を除く。）	5601　機械器具製造業	
57	電気機械器具製造業	5701　電気機械器具製造業	
58	輸送用機械器具製造業（(59)船舶製造又は修理業を除く。）	5801　輸送用機械器具製造業	

	59	船舶製造又は修理業	5901	船舶製造又は修理業	
	60	計量器、光学機械、時計等製造業（(57)電気機械器具製造業を除く。）	6001	計量器、光学機械、時計等製造業	
	64	貴金属製品、装身具、皮革製品等製造業	6401	貴金属製品、装身具、皮革製品等製造業	
	61	その他の製造業	6102	ペン、ペンシルその他の事務用品又は絵画用品製造業	
			6104	可塑物製品製造業（購入材料によるものに限る。）	
			6105	漆器製造業	
			6107	加工紙、紙製品、紙製容器又は紙加工品製造業	
			6108	竹、藤又はきりゆう製品製造業	
			6109	わら類製品製造業	
			6110	くずゴム製品製造業	
			6115	塗装業	
			6116	その他の各種製造業	
運輸業	71	交通運輸事業	7101	鉄道、軌道又は索道による旅客又は貨物の運送事業（(7202)貨物の積みおろし又は集配を伴う貨物の運送事業を除く。）	

			7102	自動車又は軽車両による旅客の運送事業	
			7104	航空機による旅客又は貨物の運送事業	
			7105	船舶による旅客の運送事業	
			7103	自動車、航空機等を使用して宣伝、広告、測量等を行なう事業	
			7106	その他の交通運輸事業	
	72	貨物取扱事業（(73)港湾貨物取扱事業及び(74)港湾荷役業を除く。）	7201	停車場、倉庫、工場、道路等における貨物取扱いの事業	
			7202	貨物の積みおろし又は集配を伴う鉄道軌道又は索道による貨物の運送事業	
			7203	自動車又は軽車両による貨物の運送事業	
			7206	船舶による貨物の運送事業	
			7204	貨物の荷造り又はこん包の事業	
			7205	自動車により砂利その他の土石を運搬して販売する事業	
	73	港湾貨物取扱事業（(74)港湾荷役業を除く。）	7301	港湾の上屋、倉庫等における貨物取扱いの事業	一貫して(74)港湾荷役業を行うものを除く。
			7302	はしけ又は引船による貨物の運送事業	
	74	港湾荷役業	7401	沿岸において船舶に荷を積み又は船舶から荷をおろすために貨物を取り扱う事業	一貫して行う(73)港湾貨物取扱事業

			7402	船舶内において船舶に荷を積み又は船舶から荷をおろすために貨物を取り扱う事業（一貫して行う（7401）沿岸において船舶に荷を積み又は船舶から荷をおろすために貨物を取り扱う事業を含む。）	を含む。
電気、ガス、水道又は熱供給の事業	81	電気、ガス、水道又は熱供給の事業	A　電気業 8101　発電、送電、変電又は配電の事業 B　ガス業 8102　天然ガスの採取供給又はガスの製造供給の事業 8103　天然ガス又はガスの供給の事業 C　水道業 8104　上水道業 8105　下水道業 D　熱供給業 8106　熱供給業	
その他の事業	95	農業又は海面漁業以外の漁業	9501　土地の耕作又は植物の栽植栽培若しくは採取の事業その他の農業 9502　動物の飼育若しくは畜産の事業又は養蚕の事業 9503　水産動植物の採捕又は養殖の事業（（11）海面漁業及び（12）定置網漁業又は海面魚類養殖業を除く。）	
	91	清掃、火葬又はと畜の事業	9101　清掃業 9102　火葬業 9103　と畜業	

	93	ビルメンテナンス業	9301	ビルの総合的な管理等の事業	
	96	倉庫業、警備業、消毒又は害虫駆除の事業又はゴルフ場の事業	9601 9602 9603 9606	倉庫業 警備業 消毒又は害虫駆除の事業 ゴルフ場の事業	
	97	通信業、放送業、新聞業又は出版業	9701 9702 9703	通信業 放送業 新聞業又は出版業	
	98	卸売業・小売業、飲食店又は宿泊業	9801 9802 9803	卸売業・小売業 飲食店 宿泊業	
	99	金融業、保険業又は不動産業	9901 9902 9903	金融業 保険業 不動産業	
	94	その他の各種事業	9411 9412 9418 9419 9420	広告、興信、紹介又は案内の事業 速記、筆耕、謄写印刷又は青写真業 映画の製作、演劇等の事業 劇場、遊戯場その他の娯楽の事業 洗たく、洗張又は染物の事業	

			9421	理容、美容又は浴場の事業	
			9422	物品賃貸業	
			9423	写真、物品預り等の事業	
			9425	教育業	
			9426	研究又は調査の事業	
			9431	医療業	
			9432	社会福祉又は介護事業	
			9433	幼稚園	
			9434	保育所	
			9435	認定こども園	
			9436	情報サービス業	
			9416	前各項に該当しない事業	

船舶所有者の事業の種類の細目表

（平成 22 年 1 月 1 日施行）

事業の種類	事業の種類の番号	事業の種類の細目
船舶所有者の事業	90	9001　水産動植物の採捕又は養殖の事業 9002　外航旅客運送事業 9003　外航貨物運送事業 9004　内航旅客運送事業 9005　内航貨物運送事業 9006　その他の船舶所有者の事業

特別加入保険料率について教えてください。

労災保険は労働者の労働災害に対する保護を目的とする制度ですが、中小事業主、自営業者、家族従事者などの中には、労働者に準じて労災保険による保護の対象とするにふさわしい場合があります。

そこで、これらの者に対しても労災保険本来の趣旨を損なわない範囲で、労災保険の加入を認めようとするのが特別加入制度です。

特別加入保険料率は、中小事業主等を対象とする第1種特別加入保険料率、一人親方や家内労働者等を対象とする第2種特別加入保険料率、および海外派遣者等を対象とする第3種特別加入保険料率とに分けられます。

第1種特別加入保険料率は、前掲27ページの労災保険率表と同様のものです。

第2種特別加入保険料率は、次ページの第2種特別加入保険料率表のとおり、事業または作業の種類ごとに定められています。

第3種特別加入保険料率は、令和6年4月現在で1000分の3となっています。

なお、特別加入保険料率も労災保険率の改正に併せ、概ね3年に1度見直されており、災害率、収支状況等を考慮して定められています。

第2種特別加入保険料率

（令和6年4月1日改定）

事業又は作業の種類の番号	事業又は作業の種類	保険料率
特1	労働者災害補償保険法施行規則（以下「労災保険法施行規則」という）第46条の17第1号の事業（個人タクシー、個人貨物運送業者、フードデリバリーサービス等の自転車配達員）	1000分の11
特2	労災保険法施行規則第46条の17第2号の事業（建設業の一人親方）	1000分の17
特3	労災保険法施行規則第46条の17第3号の事業（漁船による自営業者）	1000分の45
特4	労災保険法施行規則第46条の17第4号の事業（林業の一人親方）	1000分の52
特5	労災保険法施行規則第46条の17第5号の事業（医薬品の配置販売の事業）	1000分の6
特6	労災保険法施行規則第46条の17第6号の事業（再生資源取扱業者）	1000分の14
特7	労災保険法施行規則第46条の17第7号の事業（船員法第1条に規定する船員が行う事業）	1000分の48
特8	労災保険法施行規則第46条の17第8号の事業（柔道整復師の事業）	1000分の3
特9	労災保険法施行規則第46条の17条第9号の事業（創業支援等措置に基づき事業を行う高年齢者）	1000分の3
特10	労災保険法施行規則第46条の17第10号の事業（あん摩マツサージ指圧師、はり師又はきゆう師の事業）	1000分の3
特11	労災保険法施行規則第46条の17第11号の事業（歯科技工士の事業）	1000分の3
特12	労災保険法施行規則第46条の18第1号ロの作業（指定農業機械従事者）	1000分の3
特13	労災保険法施行規則第46条の18第2号イの作業（職場適応訓練受講者）	1000分の3

特 14	労災保険法施行規則第 46 条の 18 第 3 号イ又はロの作業 （金属等の加工、洋食器加工作業）	1000 分の 14
特 15	労災保険法施行規則第 46 条の 18 第 3 号ハの作業 （履物等の加工の作業）	1000 分の 5
特 16	労災保険法施行規則第 46 条の 18 第 3 号ニの作業 （陶磁器製造の作業）	1000 分の 17
特 17	労災保険法施行規則第 46 条の 18 第 3 号ホの作業 （動力機械による作業）	1000 分の 3
特 18	労災保険法施行規則第 46 条の 18 第 3 号への作業 （仏壇、食器の加工の作業）	1000 分の 18
特 19	労災保険法施行規則第 46 条の 18 第 2 号ロの作業 （事業主団体等委託訓練従事者）	1000 分の 3
特 20	労災保険法施行規則第 46 条の 18 第 1 号イの作業 （特定農作業従事者）	1000 分の 9
特 21	労災保険法施行規則第 46 条の 18 第 4 号の作業 （労働組合等常勤役員）	1000 分の 3
特 22	労災保険法施行規則第 46 条の 18 第 5 号の作業 （介護作業従事者及び家事支援従事者）	1000 分の 5
特 23	労災保険法施行規則第 46 条の 18 第 6 号の作業 （芸能従事者）	1000 分の 3
特 24	労災保険法施行規則第 46 条の 18 第 7 号の作業 （アニメーション制作従事者）	1000 分の 3
特 25	労災保険法施行規則第 46 条の 18 第 8 号の作業 （情報処理システムの設計等の情報処理に係る作業従事者）	1000 分の 3

※令和 6 年に上記に加え、「労災保険法施行規則第 46 条の 17 第 12 号の事業（フリーランス法に規定する、特定受託事業者が業務委託事業者から業務委託を受けて行う事業）」が追加（料率 1000 分の 3）される予定です。

第 3 種特別加入保険料率

（平成 27 年 4 月 1 日改定）

対　　象	保険料率
海外で行われる事業に派遣される労働者等	1000 分の 3

第2章　メリット制の概要

労災保険のメリット制の概要を教えてください。

≪労働災害の発生の多寡によって労災保険料を増減する制度≫

○○。

　メリット制とは、一定の要件を満たす個々の事業について、その事業の労働災害の多寡により一定範囲内で労災保険率または労災保険料を増減させる制度のことです。つまり、災害の少ない事業主には労災保険料の減額を行い、逆に災害の多い事業主には労災保険料の増額を行うという制度です。

　このメリット制の目的は、第1に「労働災害発生度合いに基づく労災保険料の増減」という事実を事業主の経営感覚に訴えることによって、労働災害防止努力を喚起し、労働災害を減少させることにあります。

　第2に、労災保険率は「事業の種類」ごとに災害率等に応じて決められていますが、同じ事業の種類であっても、作業工程、使用する機械設備、作業環境、事業主の災害防止努力等の違いにより個々の事業ごとに災害率の高低が認められます。このため、メリット制により労災保険料を増減させることによって、同一業種の事業主間の負担の具体的公平を図るという重要な機能をもっています。

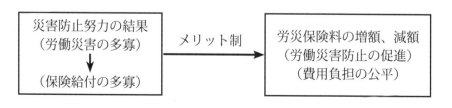

Q10

労災保険のメリット制は全事業に適用されますか。

≪メリット制は、一定の規模以上の事業に限り適用≫

A○○。

○
○

　メリット制は、あくまでも保険制度のなかで機能させるものであり、保険経済、言い換えれば保険数理的要素を無視することはできません。すなわち、メリット制は事業主の労働災害防止努力を適切に評価して保険料に反映させていこうとするものですので、事業主の労働災害防止努力を適切に評価できる事業の規模の検討が必要になります。

　例えば、同程度の災害率（仮に1年間で100人に1人の割合で事故が発生するものとします）の労働者数1万人のA事業と労働者数10人のB事業について、災害の発生状況を考えると、A事業では毎年100人程度の労働者が不幸にして事故に遭遇することが予想されるのに対し、B事業では平均して10年間に1人の割合で事故に遭遇すると予想されます。そこで、A事業では1年間の事故が100人より多いか少ないかによって、事業主の労働災害防止努力の結果の評価が可能であるのに対し、B事業では、9年間無災害であっても、それが事業主の労働災害防止努力の結果か否かを評価することは困難です。

　このためメリット制の適用については、労働者数がある程度以上であること等を要件としています。

　なお、継続事業（一括有期事業を含む）と有期事業では、メリット制の適用要件が異なり、継続事業では適用要件としてさらに一定期間の「事業の継続性」の要件が必要となります（適用要件の詳細については61ページQ13、83ページQ25を参照）。

Q11

メリット制による労災保険料の増減には、通勤災害や
二次健康診断に係る給付分も影響しますか。

≪通勤災害分などはメリット制に影響しない≫

　メリット制は事業主の労働災害防止努力の結果を評価し労
災保険料に反映させることを目的としたものであり、通勤災
害については、業務災害と異なり、直接使用者の支配・管理
下にない状態の下での災害であることを考慮して、メリット
制に影響しないようになっています。また、二次健康診断等
給付についても同様にメリット制には影響しません。

第3章　継続事業（一括有期事業を含む）のメリット制

Q12

労災保険のメリット制の概要を教えてください。

≪継続事業では、労災保険率を増減する≫

A○○。

継続事業では、個々の事業について、事業の種類ごとに定められた労災保険率から、通勤災害などの非業務災害に係る率（全業種一律に 1000 分の 0.6）を減じた率をメリット収支率に応じて定められている増減率（最大± 40％、有期事業の一括がなされている立木の伐採の事業については最大± 35％の範囲。ただし、有期事業の一括がなされている建設の事業または立木の伐採の事業で規模が小さいものについては増減率を最大± 30％とします。詳細については 68 ページ Q16 を参照）で増減させ、その増減させた率に非業務災害率 1000 分の 0.6 を加えた率を、その事業の労災保険率とします。つまり、継続事業については、労災保険率を増減させることにより、労災保険料の引下げ、または引上げを行うこととなります。

継続事業のメリット制

Q13

メリット制の適用になる継続事業の範囲を教えてください。

≪事業の継続性と事業の規模の要件が必要≫

A ○○。
○　適用の対象となる事業
○　継続メリット制の適用を受ける事業は、徴収法第 12 条第 3 項の定めるところにより、次の「事業の継続性」に関する要件と「事業の規模」に関する要件とを同時に満たしていることが必要です。

なお、有期事業の一括がなされている事業についても、継続事業のメリット制が適用されます。

（1）事業の継続性

メリット制によって労災保険率が増減される保険年度（4月1日から翌年3月31日までの1年をいいます）の前々保険年度に属する3月31日（以下「基準となる3月31日」といいます）現在において、保険関係成立後3年以上経過していることが必要です。

（2）事業の規模

基準となる3月31日の属する保険年度から過去に遡って連続する3保険年度中の各保険年度において、次の要件のいずれかを満たしていることが必要です。
①　100 人以上の労働者を使用する事業
②　20 人以上 100 人未満の労働者を使用する事業では、そ

の使用労働者数にその事業が該当する事業の種類の労災保険率から非業務災害率を減じた率を乗じて得た数が 0.4 以上であるもの

　すなわち、

　　労働者数×（労災保険率－非業務災害率）≧ 0.4

を満たす事業です。

　なお、非業務災害率は徴収法施行規則第 16 条第 2 項により 1000 分の 0.6 と規定されています。

　例えば、「ガラス又はセメント製造業」においては労災保険率は 1000 分の 6 であり、非業務災害率を減じた率は 1000 分の 5.4 となります。この場合、使用労働者数が 75 人であれば、75 に 1000 分の 5.4 を乗ずると 0.4 以上となるので、「事業の規模」の要件を満たすことになります。

③　有期事業の一括がなされている建設の事業および立木の伐採の事業については、確定保険料の額が 40 万円以上[※]である事業

　　※　従来、確定保険料額は「100 万円以上」でしたが、平成 24 年度から「40 万円以上」に引き下げられました。

　したがって、3 保険年度のうち、1 保険年度でもこの事業の規模の要件を満たさない場合は、メリット制の適用が行われないことになります。

継続メリット制適用事業の最低規模（労働者数）表

事業の種類の分類	事業の種類	令和6年4月1日より	
		労働者数（注）	労災保険率
林　業	林業	-	1000分の52
漁　業	海面漁業（定置網漁業又は海面魚類養殖業を除く。）	23	1000分の18
	定置網漁業又は海面魚類養殖業	20	1000分の37
鉱　業	金属鉱業、非金属鉱業（石灰石鉱業又はドロマイト鉱業を除く。）又は石炭鉱業	20	1000分の88
	石灰石鉱業又はドロマイト鉱業	33	1000分の13
	原油又は天然ガス鉱業	100	1000分の2.5
	採石業	20	1000分の37
	その他の鉱業	20	1000分の26
建設事業	水力発電施設、ずい道等新設事業	-	1000分の34
	道路新設事業	-	1000分の11
	舗装工事業	-	1000分の9
	鉄道又は軌道新設事業	-	1000分の9
	建築事業（既設建築物設備工事業を除く。）	-	1000分の9.5
	既設建築物設備工事業	-	1000分の12
	機械装置の組立て又は据付けの事業	-	1000分の6
	その他の建設事業	-	1000分の15
製造業	食料品製造業	82	1000分の5.5
	繊維工業又は繊維製品製造業	100	1000分の4
	木材又は木製品製造業	33	1000分の13
	パルプ又は紙製造業	63	1000分の7
	印刷又は製本業	100	1000分の3.5
	化学工業	100	1000分の4.5
	ガラス又はセメント製造業	75	1000分の6
	コンクリート製造業	33	1000分の13
	陶磁器製品製造業	25	1000分の17
	その他の窯業又は土石製品製造業	20	1000分の23
	金属精錬業（非鉄金属精錬業を除く。）	68	1000分の6.5
	非鉄金属精錬業	63	1000分の7
	金属材料品製造業（鋳物業を除く。）	91	1000分の5
	鋳物業	26	1000分の16
	金属製品製造業又は金属加工業（洋食器、刃物、手工具又は一般金物製造業およびめっき業を除く。）	48	1000分の9

	洋食器、刃物、手工具又は一般金物製造業（めつき業を除く。）	68	1000分の6.5
	めつき業	68	1000分の6.5
	機械器具製造業（電気機械器具製造業、輸送用機械器具製造業、船舶製造又は修理業および計量器、光学機械、時計等製造業を除く。）	91	1000分の5
	電気機械器具製造業	100	1000分の3
	輸送用機械器具製造業（船舶製造又は修理業を除く。）	100	1000分の4
	船舶製造又は修理業	20	1000分の23
	計量器、光学機械、時計等製造業（電気機械器具製造業を除く。）	100	1000分の2.5
	貴金属製品、装身具、皮革製品等製造業	100	1000分の3.5
	その他の製造業	75	1000分の6
運輸業	交通運輸事業	100	1000分の4
	貨物取扱事業（港湾貨物取扱事業および港湾荷役業を除く。）	51	1000分の8.5
	港湾貨物取扱事業（港湾荷役業除く。）	48	1000分の9
	港湾荷役業	36	1000分の12
電気、ガス、水道又は熱供給の事業	電気、ガス、水道又は熱供給の事業	100	1000分の3
その他の事業	農業又は海面漁業以外の漁業	33	1000分の13
	清掃、火葬又はと畜の事業	33	1000分の13
	ビルメンテナンス業	75	1000分の6
	倉庫業、警備業、消毒又は害虫駆除の事業又はゴルフ場の事業	68	1000分の6.5
	通信業、放送業、新聞業又は出版業	100	1000分の2.5
	卸売業・小売業、飲食店又は旅館その他の宿泊所の事業	100	1000分の3
	金融業、保険業又は不動産業	100	1000分の2.5
	その他の各種事業	100	1000分の3
船舶所有者の事業	船舶所有者の事業	20	1000分の42

（注）令和6年度以降の年度がメリット収支率算定期間（76ページQ19参照）に入ってくる場合の最低労働者数です。

労働者数は毎月変化しますが、メリット制の適用要件である労働者数はどうなりますか。

　継続事業においては一定以上の労働者数を有している事業にメリット制が適用になりますが、この労働者数については、日雇い労働者、アルバイト、パートタイム労働者等も含むため、ご質問のとおり毎日または毎月変化することがあります。このためメリット制の適用要件である労働者数の把握については、次のとおりとなっています。

　① 「船きよ、船舶、岸壁、波止場、停車場又は倉庫における貨物の取扱いの事業」にあっては、当該保険年度中に使用した延労働者数を当該保険年度中の所定労働日数で除して得た労働者数

　② ①以外の事業にあっては、当該保険年度中の各月の末日（賃金締切日がある場合は各月の末日の直前の賃金締切日）において使用した労働者数の合計数を12で除して得た労働者数

メリット制による労災保険率の増減の基準を教えてください。

≪個々の事業のメリット収支率に応じてメリット増減率表により増減≫

継続事業のメリット制は労災保険率（非業務災害率を除く）を増減させることとなりますが、その増減の基準は、個々の事業場についての過去3年間における労災保険料の額（非業務災害率分を除く）に予め定められている調整率を乗じた額に対する業務災害に関する保険給付等の額との割合（メリット収支率）に応じて、メリット増減率表に定められています。

労働災害が多く発生している事業または重篤な災害が発生している事業では、多額の保険給付を支払うためこのメリット収支率も高くなり、労災保険率も高くなります。逆に労働災害が発生していない事業等は保険給付等がありませんのでメリット収支率は低くなり、労災保険率も低くなります。つまり、その事業における労働災害の多寡を保険給付の状況により評価しているわけです。

また、メリット収支率の算定に当たっては、通勤災害などの非業務災害に係る率に応じた保険料額ならびに非業務災害および特定疾病等に係る保険給付等の額は、算定基礎に含まれません。

なお、メリット収支率算定に当たって、年金給付については労働基準法相当額に換算して調整しています。

メリット増減率表
（労災保険率から非業務災害率を減じた率の増減表）

メリット収支率	メリット増減率	
	立木の伐採の事業以外の事業	立木の伐採の事業
10%以下のもの	40%減ずる	35%減ずる
10%を超え 20%までのもの	35%減ずる	30%減ずる
20%を超え 30%までのもの	30%減ずる	25%減ずる
30%を超え 40%までのもの	25%減ずる	20%減ずる
40%を超え 50%までのもの	20%減ずる	15%減ずる
50%を超え 60%までのもの	15%減ずる	10%減ずる
60%を超え 70%までのもの	10%減ずる	
70%を超え 75%までのもの	5%減ずる	5%減ずる
85%を超え 90%までのもの	5%増加する	5%増加する
90%を超え 100%までのもの	10%増加する	10%増加する
100%を超え 110%までのもの	15%増加する	
110%を超え 120%までのもの	20%増加する	15%増加する
120%を超え 130%までのもの	25%増加する	20%増加する
130%を超え 140%までのもの	30%増加する	25%増加する
140%を超え 150%までのもの	35%増加する	30%増加する
150%を超えるもの	40%増加する	35%増加する

Q16

規模が小さい一括有期事業についてはメリット制による影響を少なくする特例があるそうですが、どのような仕組みでしょうか。

A

継続事業では、メリット制による労災保険率の増減幅を原則として±40％（有期事業の一括がなされている立木の伐採の事業については±35％）と定めています。

有期事業の一括がなされている建設の事業および立木の伐採の事業については、従来、確定保険料の額が100万円以上である事業をメリット制の対象としていました。しかし、平成24年度以降は、基準となる確定保険料の額が40万円以上に引き下げられました。

それに伴い、これまでメリット制の対象とならなかった事業については、メリット制による労災保険率の増減幅を小さくする措置が講じられました。

有期事業の一括がなされている事業で、メリット収支率の計算対象となる3保険年度のいずれかの保険年度の確定保険料額が40万円以上100万円未満であるものについては、メリット制の増減幅を±30％とします（建設の事業と立木の伐採の事業の両方共通です）。

3保険年度の確定保険料がすべて40万円以上100万円未満である場合のほか、3保険年度のうち2つの年度が40万円以上100万円未満で、他の1つの年度が100万円以上の場合、3保険年度のうち1つの年度が40万円以上100万円未満で、他の2つの年度が100万円以上の場合も該当します。

規模の小さい一括有期事業のメリット増減率表
（労災保険率から非業務災害率を減じた率の増減表）

メリット収支率	増減率 （建設の事業と 立木の伐採の事業　共通）
10％以下のもの	30％減ずる。
10％を超え 20％までのもの	25％減ずる。
20％を超え 30％までのもの	20％減ずる。
30％を超え 50％までのもの	15％減ずる。
50％を超え 70％までのもの	10％減ずる。
70％を超え 75％までのもの	5％減ずる。
85％を超え 90％までのもの	5％増加する。
90％を超え 110％までのもの	10％増加する。
110％を超え 130％までのもの	15％増加する。
130％を超え 140％までのもの	20％増加する。
140％を超え 150％までのもの	25％増加する。
150％を超えるもの	30％増加する。

Q17

メリット収支率の具体的な算出方法を教えてください。

A○○。
メリット収支率とは、メリット制が適用される個々の事業ごとの労災保険料の額（非業務災害率に係る部分を除く）に予め定められている調整率を乗じた額に対する業務災害に関する保険給付等の額の割合です。

それでは、メリット収支率の算定方法についてもう少し詳しく説明します。

メリット収支率は次式により求められます。

メリット収支率算定方法

○継続事業（一括有期事業を含む）

$$
\text{メリット収支率} = \frac{
\begin{array}{l}
\text{基準となる3月31日以前3保険年度に業務災害に関して支払われた保険給付の額および特別支給金ならびに特別遺族給付金の額}^{(注1)} \\
- \left\{
\begin{array}{l}
\text{①遺族補償一時金および該当遺族補償一時金の受給権者に支払われた遺族特別一時金の額}^{(注2)} \\
\text{②障害補償年金差額一時金および障害特別年金差額一時金の額} \\
\text{③特別遺族給付金のうち遺族失権に伴い支払われた額} \\
\text{④特定疾病にかかった者に対し支払われた保険給付の額および特別支給金ならびに特別遺族給付金の額} \\
\text{⑤第3種特別加入者に係る保険給付の額および特別支給金の額}
\end{array}
\right.
\end{array}
}{
\begin{array}{l}
\text{基準となる3月31日以前3年間の一般保険料の額（労災保険率から非業務災害率を減じた率に応ずる部分の額）および第1種特別加入保険料の額（第1種特別加入保険料率から特別加入非業務災害率を減じた率に応ずる部分の額）} \times \text{第1種調整率}
\end{array}
} \times 100
$$

（注1）特別遺族給付金は、石綿による健康被害の救済に関する法律（平成18年法律第4号）の規定に基づく、特別遺族年金および特別遺族一時金である。

（注2）遺族補償一時金は、労災法第16条の6第1項に定められた支給事由のうち、第2号により支給される遺族補償一時金を指す。

（1）分子に算入する給付額

　分子に算入する額は、原則として基準となる3月31日以前3保険年度間に支払われた業務災害に関する保険給付の額および特別支給金の額です。

　しかし、年金たる保険給付および年金たる特別支給金については、その給付が長期にわたる性格のものであり、一度大きな事故を起こすと、その後、長期間メリット収支率が改善されません。これでは、事業主の災害防止努力を喚起することができないことから、実際の給付額に代え新規に裁定された年金受給者について労働基準法相当額に換算し、支給決定の行われた年度に算入しています。また、次ページ表に掲げる特定の疾病（以下「特定疾病」といいます）に係る給付額、遺族年金受給者が失権した場合に支払われる遺族補償一時金等は、メリット収支率算定から除外されています。

　なお、メリット収支率の計算に際して、複数事業労働者を対象とする休業補償給付等については、災害発生事業場における賃金額を基に算定した額に相当する額のみを算入するものとされています（特別支給金も考え方は同様です）。

　年金たる保険給付等に係る「業務災害に関する保険給付額」は下表の労働基準法相当額により算出します。年金たる特別支給金も下表に準じて算入します。

種　　　類	算　入　額（労働基準法相当額）	
障害補償年金1級	給付基礎日額の	1340日分
2級	給付基礎日額の	1190日分
3級	給付基礎日額の	1050日分
4級	給付基礎日額の	920日分
5級	給付基礎日額の	790日分
6級	給付基礎日額の	670日分
7級	給付基礎日額の	560日分
遺族補償年金	給付基礎日額の	1000日分

メリット制の収支率の算定基礎から除外する特定疾病の範囲

疾病	事業の種類	疾病にかかった者の範囲
非災害性腰痛	港湾貨物取扱事業 港湾荷役業	事業主を異にする2以上の事業場において非災害性腰痛の発生のおそれのある業務に従事した労働者であって、最後の事業場の事業主に日雇で使用されたもの（2カ月を超えて使用されるに到った者を除く）
振動障害	林業の事業 建設の事業	事業主を異にする2以上の事業場において振動障害の発生のおそれのある業務に従事した労働者であって、最終事業場における当該業務の従事期間が1年に満たないもの
じん肺症	建設の事業	事業主を異にする2以上の事業場においてじん肺症の発生のおそれのある業務に従事した労働者であって、最終事業場における当該業務の従事期間が3年に満たないもの
石綿にさらされる業務による肺がんまたは中皮腫	建設の事業	建設の事業に属する事業主を異にする二以上の事業場において石綿にさらされる業務に従事し、または従事したことのある労働者であって、当該労働者について特定業務従事期間が肺がんにあっては10年、中皮腫にあっては1年に満たないもの
	港湾貨物取扱事業または港湾荷役業	港湾貨物取扱事業または港湾荷役業に属する事業主を異にする二以上の事業場において石綿にさらされる業務に従事し、または従事したことのある労働者であって、当該労働者について肺がんまたは中皮腫の発生の原因となった業務に従事した最後の事業場の事業主に日々または2カ月以内の期間を定めて使用され、または使用されたもの（2カ月を超えて使用されるに至ったものを除く）

著しい騒音を発する場所における業務における難聴等	建設の事業	建設の事業に属する事業主を異にする2以上の事業場において著しい騒音を発する場所における業務に従事し、または従事したことのある労働者であって、特定業務従事期間が5年に満たないもの

（2）分母に算入する保険料の額

　分母に算入する額は、基準となる3月31日以前の3保険年度間の一般保険料（労災保険率から非業務災害率を減じた率に応ずる部分の額）および第1種特別加入保険料（第1種特別加入保険料の額から特別加入非業務災害率に応ずる部分の額を減じた額）に係る確定保険料の額に、次の表の第1種調整率を乗じた額です。

　労災保険料は実際の保険給付等を賄えるように賦課しているのに対し、メリット収支率算定式の分子は年金、特定疾病等に係る保険給付等の調整を行っていることから、単純に保険給付を労災保険料で除すと収支率が低く算定され不合理な結果となります。

　よって、メリット収支率の算定では、労災保険料についても保険給付等の調整に合わせるため、労災保険料に乗ずる係数として第1種調整率を設定しています。

第1種調整率

（平成26年4月1日以降）

事業の種類	第1種調整率
一般の事業（下記の事業以外の事業）	100分の67
林業の事業	100分の51
建設の事業	100分の63
港湾貨物取扱事業、港湾荷役業	100分の63
船舶所有者の事業	100分の35

Q18

メリット制の適用を受けている事業場の労災保険率の算定方法を教えてください。

≪非業務災害率を除いた労災保険率を増減≫

A ○○。
○
○

　個々の事業について、事業の種類ごとに定められた労災保険率から、非業務災害率を減じた率をメリット収支率に応じて定められているメリット増減率（最大±40％、一括有期の立木の伐採の事業については最大±35％、小規模の一括有期事業については最大±30％の範囲）で増減させ、その増減させた率に非業務災害率を加えた率が、その事業の次の次の年度の労災保険率となります。

　これを式で表すと次式のとおりとなります。

$$\text{メリット増減後の労災保険率} = \left(\text{基準となる労災保険率} - \text{非業務災害率}\right) \times \frac{(100 + \text{増減率（％）})}{100} + \text{非業務災害率}$$

　なお、非業務災害率とは、労働者が通勤災害により被災した場合に支払う保険給付等（特別支給金を含む）、二次健康診断等給付、複数業務要因災害に係る給付及び複数事業労働者の業務災害において災害発生事業場以外の事業に使用されていることにより上乗せされる給付に要する費用分であり、徴収法施行規則第16条第2項により全業種一律に1000分の0.6と規定しています。

　例えば、「ガラス又はセメント製造業」の事業では1000分の6が労災保険率となっていますので、この率から非業務災害率である1000分の0.6を減じた1000分の5.4がメリット

制により増減することとなります。

　仮に労働災害を発生させずメリット収支率が 10％以下としますと、メリット増減率は− 40％となり、その結果その事業に適用されるメリット増減後の労災保険率は、

$$
\begin{array}{l}
\text{メリット増減後の} \\
\text{労災保険率}
\end{array}
= \left(\frac{6}{1000} - \frac{0.6}{1000} \right) \times \frac{(100 - 40(\%))}{100} + \frac{0.6}{1000}
$$

$$
= \frac{3.84}{1000}
$$

となります。

　逆に労働災害を多発させたことにより、メリット収支率が 150％を超えたとしますと、メリット増減率は＋ 40％となり、その結果、その事業に適用されるメリット増減後の労災保険率は、

$$
\begin{array}{l}
\text{メリット増減後の} \\
\text{労災保険率}
\end{array}
= \left(\frac{6}{1000} - \frac{0.6}{1000} \right) \times \frac{(100 + 40(\%))}{100} + \frac{0.6}{1000}
$$

$$
= \frac{8.16}{1000}
$$

となります。

　よってメリット制により、$\frac{3.84}{1000} \sim \frac{8.16}{1000}$ の範囲でメリット保険率が設定されることになるのです。

Q19

メリット労災保険率はいつの年度に適用されますか。

≪メリット収支率算定期間の最後の年度の次の次の保険年度の労災保険率に適用≫

　過去3年間のメリット収支率が85％以上、または75％以下となる事業については、その事業についての労災保険率表で定まっている労災保険率から非業務災害率を減じた率を±40％（一括有期の立木の伐採の事業については±35％、規模の小さい一括有期事業については±30％）の範囲内で上げ下げした率に非業務災害率を加えた率が、その事業の次の次の保険年度の労災保険率となります。つまり、メリット増減後の労災保険率は、次頁の図のとおりメリット収支率算定期間の最後の保険年度の次の次の保険年度の労災保険率に適用されます。

　この保険年度の労災保険料は、

　　　労災保険料＝賃金総額×メリット増減後の労災保険率

となります。

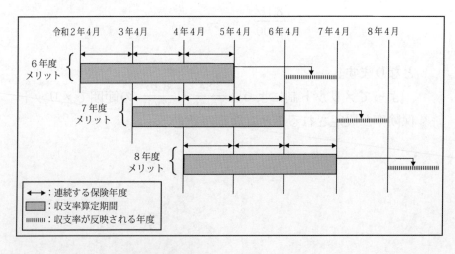

メリット制によって労災保険率が増減しているのをどのようにして知ることができるのですか。

≪労災保険率決定通知書による≫

　工場、事務所等の継続事業の事業主は、毎保険年度（毎年4月1日から翌年3月31日まで）の6月1日から7月10日までにその保険年度の労働保険料を計算し、「概算保険料申告書」と「納付書」を作成し、概算保険料の申告・納付を行うことになります（以下「年度更新」という）。

　厚生労働省は毎年、各事業場に年度更新手続きを行うための用紙を送付しており、これに合わせて所轄都道府県労働局歳入徴収官からメリット制で増減された労災保険率、メリット収支率、メリット増減率等を記載した次ページの「労災保険率決定通知書」を事業主に通知しています。

殿

労働保険特別会計歳入徴収官　　印

労災保険率決定通知書

　貴事業場における令和　　年度の労災保険率は、労働保険の保険料の徴収等に関する法律第 12 条第 3 項及び同法第 12 条の 2 の規定に基づき、下記のとおりに決定されたので通知します。

記

1．建設の事業及び立木の伐採の事業以外の事業（継続事業）

① 労 働 保 険 番 号					②業種番号	③メリット収支率	④メリット増減率	⑤業務災害に係る率	⑥非業務災害率	⑦改定労災保険率（メリット料率）（⑤＋⑥）
府県	所掌	管轄(1)	基幹番号	枝番号						
						％	％	1000 分の	1000 分の 0.60	1000 分の

特例メリット制適用　　有　無

2．建設の事業及び立木の伐採の事業（一括有期事業）

① 労 働 保 険 番 号					②業種番号	③メリット収支率	④メリット増減率	⑤業務災害に係る率	⑥非業務災害率	⑦改定労災保険率（メリット料率）
府県	所掌	管轄(1)	基幹番号	枝番号						
						％	％	（⑦－⑥）	1000 分の 0.60	下表の「★」のとおり

事業の種類		増減率 適用	－40	－35	－30	－25	－20	－15	－10	－5	±0	＋5	＋10	＋15	＋20	＋25	＋30	＋35	＋40
改定労災保険率（×一〇〇〇分の一）	31	水力発電施設、ずい道等新設事業	20.640	22.310	23.980	25.650	27.320	28.990	30.660	32.330	34	35.670	37.340	39.010	40.680	42.350	44.020	45.690	47.360
	32	道路新設事業	6.840	7.360	7.880	8.400	8.920	9.440	9.960	10.480	11	11.520	12.040	12.560	13.080	13.600	14.120	14.640	15.160
	33	舗装工事業	5.640	6.060	6.480	6.900	7.320	7.740	8.160	8.580	9	9.420	9.840	10.260	10.680	11.100	11.520	11.940	12.360
	34	鉄道又は軌道新設事業	5.640	6.060	6.480	6.900	7.320	7.740	8.160	8.580	9	9.420	9.840	10.260	10.680	11.100	11.520	11.940	12.360
	35	建築事業	5.940	6.385	6.830	7.275	7.720	8.165	8.610	9.055	9.5	9.945	10.390	10.835	11.280	11.725	12.170	12.615	13.060
	38	既設建築物設備工事業	7.440	8.010	8.580	9.150	9.720	10.290	10.860	11.430	12	12.570	13.140	13.710	14.280	14.850	15.420	15.990	16.560
	36	機械装置の組立て又は据付けの事業	3.840	4.110	4.380	4.650	4.920	5.190	5.460	5.730	6	6.270	6.540	6.810	7.080	7.350	7.620	7.890	8.160
	37	その他の建設事業	9.240	9.960	10.680	11.400	12.120	12.840	13.560	14.280	15	15.720	16.440	17.160	17.880	18.600	19.320	20.040	20.760
	02又は03	林業		34.010	36.580	39.150	41.720	44.290	46.860	49.430	52	54.570	57.140	59.710	62.280	64.850	67.420	69.990	

（注）　1．貴事業場の特例メリット制の適用は、「特例メリット制適用」欄の、「＝」で消去されていない方が該当します。
　　　　2．「適用」欄に「★」印で表示された改定労災保険率が、貴事業場に係る労災保険率です。
　　　　3．本表の改定労災保険率は、非業務災害率（1000 分の 0.6）を含みます。
　　　　4．立木の伐採の事業は事業の種類「02 又は 03 林業」に該当します。
　　　　5．徴収法施行規則第 20 条に規定する「労災保険率から非業務災害率を減じた率の増減表」及び同規則第 20 条の6 に規定する「労災保険率から非業務災害率を減じた率の特例増減表」は裏面のとおりです。

事業の種類が変更した場合、メリット制は継続して適用されますか。

≪事業内容の構成の変更等は継続適用、全く違った事業となる場合は継続性無し≫

○○。

継続事業（一括有期事業を含む）のメリット制の適用は、3月31日以前3年間の期間中に「事業の継続性」と「事業の規模」の要件を満たしている必要があります。途中で労災保険率適用事業細目表の改正、適用基準の変更、適用事業における事業内容の変更、事業の種類の適用誤り等の理由により業種変更があった事業については、継続性が途切れているわけではなく、メリット制の適用要件である「事業の継続性」の要件を満たしているので、業種変更後もメリット制の「事業の規模」の要件を満たしていれば、引き続きメリット制が適用されることになります。

しかし、その事業が従来の事業を全面的に廃止して異なった内容の事業に切り換える場合には、同一の事業主の同一の場所における事業であっても、メリット制の適用要件である「事業の継続性」の要件は満たさないことになります。

この場合は、事業の種類の変更が行われた時が事業の成立した日となり、メリット制の適用要件である「事業の継続性」と「事業の規模」の要件は、事業の成立した日から起算することになります。

Q22

事業が合併した場合のメリット制の取扱いを教えてください。

≪合併した年度とその翌年度以降とで取扱いが異なる≫

合併※した保険年度の労災保険率は、合併前についてはそれぞれの事業の労災保険率によりますが、合併後については存続する事業のメリット労災保険率によります。

合併した翌保険年度の労災保険率は、合併による消滅事業および存続事業の保険給付の合計ならびに保険料の合計を基礎として算出されるメリット収支率に基づくメリット増減率により、存続する事業の種類に係る労災保険率を引き上げまたは引き下げます。

なお、メリット制の適用要件は、存続する事業の継続性および規模によることとなりますが、合併によって存続する事業の事業主が変更された場合で、合併前後において事業が実質的にも継承していないときは、新たに保険関係が成立したとみなされ、この取扱いは行われません。

※　ここにいう事業の合併とは、2以上の事業場が1つの事業場として場所的にも統合合併されることをいうのであって、必ずしも企業合併をいうものではありません。

Q23

　事業を分割した場合のメリット制の取扱いを教えてく
ださい。

≪事業の実態が異なっていなければ引き継ぐ≫

　メリット制の適用要件を満たしていた継続事業について事
業の分割が行われた場合は、分割によって新設された事業が
分割前と全面的に異なった内容の事業に切り換えられていな
ければ、当該事業はメリット制の適用要件である事業の継続
性を満たしているものとして取り扱います。

　この場合、事業の分割を行う事業主は、所在地を管轄する
都道府県労働局に事業の分割の概要を記載した事業分割届を
提出しなければなりません。

第4章　有期事業のメリット制

有期事業のメリット制の概要を教えてください。

≪有期事業では、確定保険料の額を上げ下げする≫

A○○。
○　継続事業のメリット制では労災保険率を増減させましたが、
○　有期事業のメリット制では確定保険料を増減させます。有期
事業の場合、個々の事業の確定保険料の額から非業務災害率
に応ずる部分の額を減じた額にメリット収支率に応じて最大
± 40％（立木の伐採の事業は± 35％）の範囲内で定められて
いる率を乗じて得た額を確定保険料の額から増減し、これを
改定確定保険料とします。

改定確定保険料の額と既に払い込まれた確定保険料額との
差額を還付または追徴することになります。

有期事業のメリット制

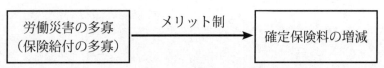

メリット収支率の具体的な算出方法を教えてください。

　継続メリット制では、「事業の継続性」と「事業の規模」の
要件が必要でしたが、有期メリット制の適用を受ける事業は、
徴収法第 20 条の定めるところにより、建設の事業または立木
の伐採の事業であって、次のいずれかの要件を満たしている
ことが必要です。

① 　確定保険料の額が 40 万円以上であること[※1]

② 　建設の事業については請負金額が 1 億 1000 万円以上、
　　立木の伐採の事業については素材の生産量が 1000 立方
　　メートル以上であること[※2]

[※1] 　従来、確定保険料の額は「100 万円以上」でしたが、平成 24 年度か
ら「40 万円以上」に引き下げられました。

　　　新しい基準が適用されるのは、平成 24 年 4 月 1 日以降に保険関係が
成立した単独有期事業となります。平成 24 年 3 月 31 日以前に保険関
係が成立した単独有期事業については、メリット制の対象になるかどう
かを判断する際には、従来どおり確定保険料 100 万円以上の基準を適
用します。

[※2] 　「請負金額」の要件は、従来「1 億 2000 万円以上（消費税相当を含む。）」
でしたが、平成 27 年 4 月 1 日に改正され、「1 億 1000 万円以上（消費
税相当額を除く。）」と定められました。

　　　これは平成 27 年 4 月 1 日の改正により保険料申告等における請負金
額の取扱いを全て消費税相当額を除くこととしたことによるものです。
改正後の要件が適用される時期は、平成 27 年 4 月 1 日以降に保険関係
が成立した単独有期事業です。平成 27 年 3 月 31 日以前に保険関係が
成立した事業については、改正前の要件が適用されます。

Q 26

有期事業の労災保険料の増減の基準を教えてください。

A ○○。

○○
○
　有期事業のメリット制は、確定保険料の額を増減させることになりますが、その増減の基準は、個々の事業場毎に計算されるメリット収支率によります。メリット収支率が85％を超える場合、または75％以下の場合には、確定保険料の額から非業務災害率に応じる部分の額を減じた額を、次ページの「有期メリット制増減率表」のとおり増減します。

有期メリット制増減率表

収　支　率	増　減　率	
	建設の事業	立木の伐採の事業
10%以下のもの	40%減ずる	35%減ずる
10%を超え20%までのもの	35%減ずる	30%減ずる
20%を超え30%までのもの	30%減ずる	25%減ずる
30%を超え40%までのもの	25%減ずる	20%減ずる
40%を超え50%までのもの	20%減ずる	15%減ずる
50%を超え60%までのもの	15%減ずる	10%減ずる
60%を超え70%までのもの	10%減ずる	
70%を超え75%までのもの	5%減ずる	5%減ずる
85%を超え90%までのもの	5%増加する	5%増加する
90%を超え100%までのもの	10%増加する	10%増加する
100%を超え110%までのもの	15%増加する	
110%を超え120%までのもの	20%増加する	15%増加する
120%を超え130%までのもの	25%増加する	20%増加する
130%を超え140%までのもの	30%増加する	25%増加する
140%を超え150%までのもの	35%増加する	30%増加する
150%を超えるもの	40%増加する	35%増加する

メリット収支率の具体的な算出方法を教えてください。

　有期メリット制において確定保険料の額を上げ下げする基準は、その事業開始の日から事業終了後３カ月を経過した日の前日または９カ月を経過した日の前日までの間における業務災害に関する保険給付の額および特別支給金の額と、その事業の確定保険料の額（労災保険率から非業務災害率を減じた率に応ずる部分の額）、および第１種特別加入保険料の額（第１種特別加入保険料率から特別加入非業務災害率を減じた率に応ずる部分の額）の合計額に第１種調整率または第２種調整率を乗じて得た額との割合です。

　ここで、事業終了後３カ月を経過した日においてメリット収支率を算定する事業は、当該３カ月を経過した日以降、収支率が変動しないまたは一定の範囲を超えて変動しないと認められる事業です。これ以外の事業については、事業終了後９カ月を経過した日においてメリット収支率を算定することになります。

① 事業が終了した日から3カ月を経過した日におけるメリット収支率

$$
メリット収支率 = \frac{\begin{pmatrix}事業が終了した日か\\ら3カ月を経過した\\日前における業務災\\害に関して支払われ\\た保険給付の額およ\\び特別支給金ならび\\に特別遺族給付金の\\額\,(注1)\end{pmatrix} - \begin{pmatrix}①\;遺族補償一時金および該当遺族補償一\\時金の受給権者に支払われた遺族特別一\\時金の額\,(注2)\\②\;障害補償年金差額一時金および障害特\\別年金差額一時金の額\\③\;特別遺族給付金のうち遺族失権に伴い\\支払われた特別遺族一時金の額\\④\;特定疾病にかかった者に対して支払わ\\れた保険給付の額および特別支給金なら\\びに特別遺族給付金の額\end{pmatrix}}{\begin{pmatrix}当該事業の確定保険料の額(労災保険率から非業務災害率を\\減じた率に応ずる部分の額)および第1種特別加入保険料の\\額(第1種特別加入保険率から特別加入非業務災害率を減\\じた率に応ずる部分の額)\end{pmatrix} \times 第1種調整率} \times 100
$$

（注1）特別遺族給付金は、石綿健康被害救済法の規定に基づく、特別遺族年金および特別遺族一時金である。

（注2）この遺族補償一時金は、労災法第16条の6第1項に定められた支給事由のうち、第2号により支給される遺族補償一時金を指す。

② 事業が終了した日から9カ月を経過した日におけるメリット収支率

$$
メリット収支率 = \frac{\begin{pmatrix}事業が終了した日か\\ら9カ月を経過した\\日前における業務災\\害に関して支払われ\\た保険給付の額およ\\び特別支給金ならび\\に特別遺族給付金の\\額\,(注1)\end{pmatrix} - \begin{pmatrix}①\;遺族補償一時金および該当遺族補償一時\\金の受給権者に支払われる遺族特別一時\\金の額\,(注2)\\②\;障害補償年金差額一時金および障害特別\\年金差額一時金の額\\③\;特別遺族給付金のうち遺族失権に伴い支\\払われた特別遺族一時金の額\\④\;特定疾病にかかった者に対し支払われた\\保険給付の額および特別支給金ならびに\\特別遺族給付金の額\end{pmatrix}}{\begin{pmatrix}当該事業の確定保険料の額(労災保険率から非業務災害率を\\減じた率に応ずる部分の額)および第1種特別加入保険料の\\額(第1種特別加入保険率から特別加入非業務災害率を減\\じた率に応ずる部分の額)\end{pmatrix} \times 第2種調整率} \times 100
$$

（注1）特別遺族給付金は、石綿健康被害救済法の規定に基づく、特別遺族年金および特別遺族一時金である。

（注2）この遺族補償一時金は、労災法第16条の6第1項に定められた支給事由のうち、第2号により支給される遺族補償一時金を指す。

この場合の分子に算入する給付額や分母に算入する額は継続事業の場合（70ページQ17）と同様ですが、算定の期間と乗ずる調整率が異なります。

第1種調整率

平成4年4月1日以降

事業の種類	調整率
林業の事業	100分の51
建設の事業	100分の63

第2種調整率

平成4年4月1日以降

事業の種類	調整率
建設の事業	100分の50
立木の伐採の事業	100分の43

28 有期事業の労災保険料の増減は、どのように計算するのですか。

○○。

　有期メリット制においては、前記の有期メリット制増減率表のとおり、事業終了の日から3カ月または9カ月を経過した日のメリット収支率によって、確定保険料の額から非業務災害率に応じる部分の額を減じた額を増減することになります。これにより求められる改定確定保険料について式で表すと、次式のとおりとなり、改定確定保険料と確定保険料の差額が還付または追徴されます。

$$改定確定保険料＝確定保険料＋（確定保険料－非業務災害率分保険料）\times \frac{メリット増減率}{100}$$

　ただし、

$$非業務災害率分保険料＝確定保険料\times \frac{非業務災害率分科率}{労災保険率}$$

　なお、非業務災害率分料率は、継続事業の場合と同様に1000分の0.6と規定されています。

　例えば、ビル新築工事で確定保険料の額が1900万円であったとします。この場合の非業務災害率分保険料は、労災保険率が1000分の9.5であることから、

$$非業務災害率分保険料 = 1900\,万円 \times \frac{\dfrac{0.6}{1000}}{\dfrac{9.5}{1000}} = 120\,万円$$

となります。

　労働災害が発生せず、メリット収支率が０％であった場合の改定確定保険料は、

$$
\begin{aligned}
改定確定保険料 &= 1900\,万円 + (1900\,万円 - 120\,万円) \times \frac{-40}{100} \\
&= 1900\,万円 - 712\,万円 \\
&= 1188\,万円
\end{aligned}
$$

となり、712万円が還付されます。

29

　労災保険料の割引や割増は、どのようにして知ること
ができますか。

○○。
　　有期メリット制においては、事業終了後３カ月または９カ
月を経過した日にメリット収支率を算出しますので、メリッ
ト収支率が確定するのに時間がかかります。

　メリット収支率を算出し改定確定保険料が決定されますと、
所轄都道府県労働局から、次ページの「改定確定保険料決定
通知書」が事業主に通知されます。また、還付額がある場合
には「労働保険料還付請求書」が、追徴額がある場合には「納
入告知書」が同封されます。

労働局労働保険特別会計歳入徴収官

改定確定保険料決定通知書

　　労働保険の保険料の徴収等に関する法律第20条の規定に基づき
確定保険料の額を下記のとおり改定したので通知します。

　　なお、この改定により労働保険料が引き上げられたものについ
ては、同封の納入告知書により追徴額を納付して下さい。また、
労働保険料が引き下げられたものについては、同封の労働保険料
還付請求書に所要事項を記載し、通知を受けた日の翌日から10日
以内に提出して下さい。

　　この決定に不服がある場合については、裏面を参照して下さい。

記

労　働　保　険　番　号					事業成立年月日	事業終了年月日	改定確定保険料算定時期
府県	所掌	管轄	基幹番号	枝番号			
					年　　月　　日	年　　月　　日	年　　月　　日

① 確定保険料の額	② イ.非業災減確定保険料の額	業務災害に関する給付額（改定確定保険料算定時期までに係る給付額）		
	ロ.上段のイの額×調整率	③ 短 期 給 付 額	④ 年金給付額（厚生労働省令によるもの）	⑤ 給付額計（③＋④）
円	円	円	円	円

⑥ メリット収支率（⑤÷②のロ）	⑦ メリット増減率		⑧ 非業災減改定確定保険料の額②のイ＋（②のイ×⑦／100）	⑨ 追　　徴　　額⑧－②のイ	⑩ 還　　付　　額②のイ－⑧
	増	減			
％	％	％	円	円	円

注）1.②のイ欄の非業災減確定保険料の額は、①の額から非業務災害率（通勤災害及び二次健康診断等給付に係る率）
　　　に応ずる部分の額を減じた確定保険料の額を印書したものです。また②のロ欄は、昭和56年4月1日以降に保険
　　　関係が成立したものに一定の調整率を乗じた後の確定保険料の額を印書したものです。
　　2.⑩欄の額は確定保険料の納付状況等により還付請求する額と異なることがあります。
　　3.還付請求書の（ア）及び（イ）の確定保険料の額は非業務災害率に応ずる部分に係る保険料が含まれております。

様式第8号（第36条関係）

労 働 保 険　労働保険料
石綿健康被害救済法　一般拠出金　**還付請求書**

――還付金の種別――
労働保険料・一般拠出金

種別
| 3 | 1 | 7 | 5 | 1 |

労働保険番号

| 都道府県 | 所掌 | 管轄(1) | 基　幹　番　号 | 枝　番　号 | ※修正項目番号 | ※漢字 修正項目番号 |

（項1）

① 還付金の払渡しを受けることを希望する金融機関（金融機関のない場合は郵便局）

金融機関

金融機関名称（漢字）　略称を使用せず正式な金融機関名を記入して下さい

種別
1. 普通
2. 当座
3. 通知
4. 別段

口座番号　※右詰で空白は0を記入して下さい（項3）

支店名称（漢字）　略称を使用せず正式な支店名を記入して下さい

ゆうちょ銀行記号番号
記号　　番号　※右詰で空白は0を記入して下さい（項4）

※金融機関コード（項5）　※支店コード（項6）

フリガナ
口座名義人

郵便局

郵便局名称（漢字）　略称を使用せず正式名称で○○郵便局まで記入して下さい（項7）

区・市・郡（漢字）（項8）

② 還付請求額　(注意)各欄の金額の前に「¥」記号を付さないで下さい

労働保険料

（ア）納付した概算保険料の額又は納付した確定保険料の額（項9）円

（イ）確定保険料の額又は改定確定保険料の額（項10）円

（ウ）差額（項11）円

（エ）労働保険料等・一般拠出金への充当額（詳細は以下③）

内訳
（オ）労働保険料等に充当（項12）円

（カ）一般拠出金に充当（項13）円

（キ）労働保険料還付請求額（ウ）－（オ）－（カ）（項14）円

一般拠出金

（ク）納付した一般拠出金（項15）円

（ケ）改定した一般拠出金（項16）円

（コ）差額（項17）円

（サ）一般拠出金・労働保険料等への充当額（詳細は以下③）

内訳
（シ）一般拠出金に充当（項18）円

（ス）労働保険料等に充当（項19）円

（セ）一般拠出金還付請求額（コ）－（シ）－（ス）（項20）円

③ 労働保険料等への充当額内訳

充当先事業の労働保険番号	労働保険料等の種別	充当額
－	年度、概算、確定、追徴金、延滞金、一般拠出金	円
－	年度、概算、確定、追徴金、延滞金、一般拠出金	
－	年度、概算、確定、追徴金、延滞金、一般拠出金	
－	年度、概算、確定、追徴金、延滞金、一般拠出金	
－	年度、概算、確定、追徴金、延滞金、一般拠出金	

上記のとおり還付を請求します。

年　月　日

官署支出官厚生労働省労働基準局長　殿
労働局労働保険特別会計資金前渡官吏　殿

（郵便番号　－　）　電話（　－　－　番）

事業主
住　所
名　称
氏　名

（法人のときは、その名称及び代表者の氏名）

※修正項目（英数・カナ）

還付理由
1. 年度更新
2. 事業終了
3. その他(算調等)（項21）

還付金発生年度（元号:令和は9）
元号（　　）－（　　）年（項22）　※確定区分（項23）

※修正項目（漢字）

歳入徴収官	部長	課室長	補佐	係長	係

社会保険
労務士
記載欄

作成年月日・ 提出代行者・ 事務代理者の表示	氏　名	電話番号

〔注意〕
1.　①欄について、ゆうちょ銀行を指定した場合、「ゆうちょ銀行記号番号」を記入すること。
　　また、ゆうちょ銀行以外を指定した場合、「種別」、「口座番号」を記入すること。
2.　還付金の種別欄及び③欄については、事項を選択する場合には該当事項を○で囲むこと。
3.　社会保険労務士記載欄は、この届書を社会保険労務士が作成した場合の欄記載すること。

（この欄には記入しないで下さい。）

領収済通知書 書(印) 労働保険 (労働保険) 国庫金

30823

労働保険番号

都道府県	所掌	管轄	基幹番号	枝番号

※取扱庁名　　　※取扱番号

※CD 項1

納付番号

納入告知書発行年月日　　　年　　月　　日

納付期限　　　年　　月　　日

※会計年度(元号:令和9)　項2

※徴収年度(元号:令和9)　※元号

※収納年月日(元号・令和9)　※元号　月　日

※収納区分　項5

収納※機関　項6

※認決区分　項7

※徴収区分　項8

※証券受領　※全部・一部　全部　一部

※データ指示コード　項13

※証券端数受領　円

(記入例)　¥ 0 1 2 3 4 5 6 7 8 9

◎枠では記入例にならって黒のボールペンで枠からはみ出さないように記入してください。

労働保険特別会計 0847 所 6118 厚生労働省 ※年度 □ 令和

徴収勘定(項目)		十億	千	百	十	万	千	百	十	円
保険料収入	項9									
雑収入	追徴金	項10								
	延滞金	項11								
納付額(合計額)	項12									

納付の場所
日本銀行(本店・支店・代理店又は歳入代理店)、所轄都道府県労働局、所轄労働基準監督署

納付の目的
延滞金
追加保険料・追徴金
翌年度5月1日以降
現年度　歳入組入

殿

上記の合計額を領収しました。

領収日付等

(官庁送付分)

(住所)〒

(氏名)

延滞金の計算方法
労働保険の保険料の徴収等に関する法律第28条、附則第12条
失業保険法及び労働者災害補償保険法の一部を改正する法律及び労働保険の保険料の徴収等に関する法律の施行に伴う関係法律の整備等に関する法律第19条

◎労働保険料の納付にあたっては、この書面をよくお読みください。第3片裏面の注意事項を

あて先〒

94　第2部　メリット制Q&A

特例メリット制の概要を教えてください。

≪中小事業主が特別の安全衛生活動を行い、労災保険率の特例の適用を申告している場合は、メリット増減率を最大±40％から最大±45％にする特例を適用≫

　特例メリット制とは、中小事業主が、厚生労働省令で定める労働者の安全または衛生を確保するための特別の措置を講じた場合であって、特例メリット制の適用を申告しているときに、メリット制による労災保険率から非業務災害率を減じた率の増減幅を最大±45％とする制度です。

　この特例メリット制は、継続事業（一括有期事業となっている建設の事業および立木の伐採の事業を除く）であって、メリット制の適用のある事業であり、当該安全衛生活動を行った保険年度をメリット収支率算定期間に含む期間中、すなわち、当該活動を行った保険年度の翌々保険年度から３保険年度間について適用されます。

　なお、特例メリット制の適用の申告は、当該安全衛生活動を行った次の保険年度の４月１日から同年９月30日までの間に行う必要があります。

（例）令和 5 年度に安全衛生措置を行い、かつ、令和 6 年 9 月 30 日まで
　　　に特例メリット制の適用の申告を行った場合の特例メリット制の適
　　　用期間（令和 7 年度〜 9 年度の 3 保険年度間）

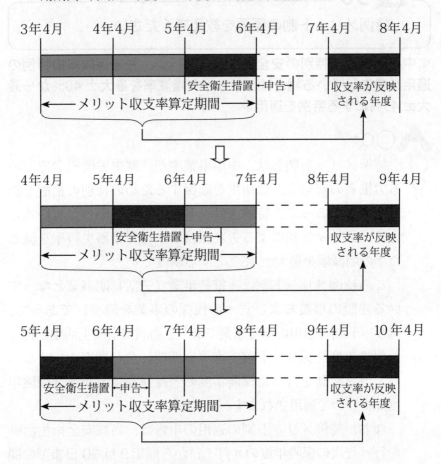

（参考）継続事業のメリット制の概略図

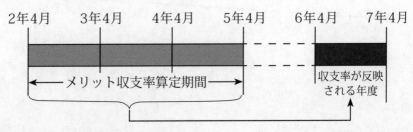

特例メリット制が適用される要件は何ですか。

次の要件を全て満たしている事業が対象となります。

① 中小事業主であること

常時 300 人（金融業もしくは保険業、不動産業または小売業については 50 人、卸売業またはサービス業については 100 人）以下の労働者（企業全体の労働者数）を使用する事業主であること（建設の事業および立木の伐採の事業を除く。）

② 厚生労働省令で定める労働者の安全または衛生を確保するための措置を講じたこと

・ 快適職場推進計画による措置：都道府県労働局長の認定を受けた快適職場推進計画に基づく、快適な職場環境の形成のために事業主が講ずる措置

・ 労働安全衛生マネジメントシステムの実施：機械設置等の計画届の免除の認定を受けた事業主が講ずる措置

③ ②の措置を講じた次の保険年度の初日から 6 カ月以内（4 月 1 日〜9 月 30 日）に労災保険率の特例の適用（特例メリット制の適用）を申告していること

④ 継続事業のメリット制の適用がある事業であること

特例メリット制の労災保険率の増減の基準を教えてください。

≪継続メリット制のメリット収支率を基準とし、特例により±45％まで増減≫

特例メリット制の労災保険率の増減の基準は、メリット収支率によるものであり、このメリット収支率は継続事業のメリット収支率の算定と同様に算出します。特例メリット制の適用事業では、このメリット収支率が次頁の特例メリット増減率表のとおり5％以下の場合には増減率が－45％に、160％を超える場合には増減率が＋45％になる特例が適用されることになります。

特例メリット増減率表

メリット収支率	特例メリット増減率
	建設の事業および立木の伐採の事業以外の事業
5%以下のもの	**45%減ずる。**
5%を超え 10%までのもの	40%減ずる。
10%を超え 20%までのもの	35%減ずる。
20%を超え 30%までのもの	30%減ずる。
30%を超え 40%までのもの	25%減ずる。
40%を超え 50%までのもの	20%減ずる。
50%を超え 60%までのもの	15%減ずる。
60%を超え 70%までのもの	10%減ずる。
70%を超え 75%までのもの	5%減ずる。
85%を超え 90%までのもの	5%増加する。
90%を超え 100%までのもの	10%増加する。
100%を超え 110%までのもの	15%増加する。
110%を超え 120%までのもの	20%増加する。
120%を超え 130%までのもの	25%増加する。
130%を超え 140%までのもの	30%増加する。
140%を超え 150%までのもの	35%増加する。
150%を超え 160%までのもの	40%増加する。
160%を超えるもの	**45%増加する。**

（注）表内の**太字**部分が特例メリット制によりメリット増減幅が拡大される部分です。

参考資料

労働災害の コスト（損失）の試算

労働災害を不幸にも被ったため労災保険給付を受けることになる受給者は令和4年度の1年間で約69万人にも及んでいます。その中には不幸にも死亡された労働者の遺族の方、長期の入院生活を送ることとなった労働者もいれば、かすり傷程度の軽傷で済む労働者もいます。

　そのような労働災害に遭った労働者に対しては、労災保険からは各種の給付が行われます。死亡された労働者の遺族に対しては遺族補償年金、けがを治療しても障害が残った労働者には障害補償年金または障害補償一時金、けがの治療のため仕事ができない間は休業補償給付およびけがの治療のために療養補償給付等が行われ、それらの令和4年度1年間の業務災害の支給総額をみると休業補償給付、療養補償給付等の短期給付が約3275億円、遺族補償年金、障害補償年金等の長期給付が約2855億円となっています。

　労災保険の給付以外にも、労働災害が一度発生すると、各方面にいろいろな影響を及ぼしています。例えば、被災労働者本人には当然のこととして、被災労働者の家族、事業場の同僚および上司・責任者等に対する物質的、精神的な影響、災害が生じた事業場の社会的な信用問題やその生産物に対するもの、関係行政機関に係るもの、重大災害であれば地域経済および日本経済に渡るもの、場合によっては法令の改正を促すような災害など産業界全体に渡ることが生じることもあります。

　逆にいえば、労働災害の防止は、災害に伴う様々な損失の発生を未然に防ぐ役割を果たしているのです。そうした費用対効果を総合的に判断し、効率的な安全管理体制の確立に努めるべきでしょう。

　ここでは、具体的な災害をいくつか想定し、その災害ごとの労災保険給付額と、それがメリット制に及ぼす影響について試算してみました。

災害の重篤度の程度別損失額

　具体的な災害をいくつか想定し、その災害ごとの労災保険給付額を試算しました。

　労働災害に係る入院および入院外（通院）別の1日当たりの療養費を厚生労働省の社会医療診療行為別統計から求めると、入院の場合に1日平均の診療報酬点数は3851.7点で、労災保険では1点12円としているため約46220円相当となり、入院外の場合は1日平均1010.6点で約12127円相当となります。

損傷、中毒・その他の外因の影響に係る
医科診療報酬点数（一般医療）

	平均診療報酬点数（点）	
	1件当たり	1日当たり
入院	59304.4	3851.7
入院外	1481.5	1010.6

資料出所：厚生労働省「令和4年社会医療診療行為別統計」

ケース1

　労災に遭遇し足を負傷して入院90日、通院90日の治療を行い治癒したが、関節に障害を残し、12級の障害補償一時金を受給した場合（給付基礎日額10000円、算定基礎日額2000円とする）。

被災労働者に対する労災保険給付額

療養補償給付入院分	3851.7点×90日×12円	416万円
通院分	1010.6点×90日×12円	109万円
休業補償給付	10000円×0.6×（180－3）日	106万円
障害補償一時金	10000円×156日	156万円
休業特別支給金	10000円×0.2×（180－3）日	35万円
障害特別支給金		20万円
障害特別一時金	2000円×156日	31万円
小　　計		873万円

ケース2

　労災に遭遇し2年間療養（1年6カ月入院、6カ月通院）の後に後遺障害が残り、7級（労働能力損失率0.56）の障害補償年金受給者となった場合（給付基礎日額10000円、算定基礎日額2000円とする）。

　この方を働き盛りの45歳男性と仮定します。厚生労働省の令和4年簡易生命表によると、平均余命は37.20年です。

被災労働者に対する労災保険給付額

療養補償給付入院分	3851.7点×547日×12円	2528万円
通院分	1010.6点×183日×12円	222万円
休業補償給付	10000円×0.6×（730－3）日	436万円
障害補償年金	10000円×131日×37.20年	4873万円
休業特別支給金	10000円×0.2×（730－3）日	145万円
障害特別支給金		159万円
障害特別年金	2000円×131日×37.20年	975万円
小　　計		9338万円

ケース3

　労災に遭遇し、2年間療養（2年入院）の後に後遺障害が残り、2級（労働能力損失率1.00）の障害補償年金受給者となった場合（給付基礎日額10000円、算定基礎日額2000円とする）。

　この方（男性）が55歳とすると、平均余命は27.97年です。

被災労働者に対する労災保険給付額

療養補償給付入院分	3851.7点×730日×12円	3374万円
休業補償給付	10000円×0.6×（730－3）日	436万円
障害補償年金	10000円×277日×27.97年	7748万円
休業特別支給金	10000円×0.2×（730－3）日	145万円
障害特別支給金		320万円
障害特別年金	2000円×277日×27.97年	1550万円
小　　計		1億3573万円

ケース4

　労災に遭遇後、手当のかいなく1年間療養（1年入院）の後に死亡した場合（給付基礎日額10000円、算定基礎日額2000円および遺族は1名とする）。

　遺族（妻）が45歳とすると、平均余命は42.93年です。

被災労働者に対する労災保険給付額

療養補償給付入院分	3851.7点×365日×12円	1687万円
休業補償給付	10000円×0.6×（365－3）日	217万円
遺族補償年金	10000円×（153日×10年 ＋175日×32.93年）	7293万円
葬祭料（葬祭給付）	10000円×30日＋315000円	62万円
休業特別支給金	10000円×0.2×（365－3）日	72万円
遺族特別支給金		300万円
遺族特別年金	2000円×（153日×10年 ＋175日×32.93年）	1459万円
小　　計		1億1090万円

メリット制による保険料の割増負担額

　労災保険では個々の事業場の過去3年間の保険収支状況に応じて、保険率を増減させるメリット制がありますが、このメリット制において個々の労働災害の発生によって保険料がどの程度増加することになるか試算しました。モデルの事業場は、従業員1名平均の賃金額500万円、労災保険率は1000分の11としました。

　事業場の規模がメリット制に与える影響を見るために、従業員数として200名と500名の2通りを計算しています。

≪ イ　従業員数が 200 名の場合の試算 ≫

標準保険料額　　500 万円 × 200 名 × $\dfrac{11}{1000}$ ＝ 1100 万円

うち業務災害分　500 万円 × 200 名 × $\dfrac{10.4}{1000}$ ＝ 1040 万円

①　労働災害が全くない場合

メリット収支率の分子に算入される額　　0 万円

メリット収支率　　$\dfrac{0 \text{万円}}{3 \times 1040 \text{万円} \times 0.67}$ ＝ 0%

メリット増減率　　－ 40%

メリット労災保険率 ＝ $\left(\dfrac{11}{1000} - \dfrac{0.6}{1000} \right) \times \dfrac{(100 - 40(\%))}{100} + \dfrac{0.6}{1000}$

$= \dfrac{6.84}{1000}$

メリット制適用後の保険料額

500 万円 × 200 名 × $\dfrac{6.84}{1000}$ ＝ 684 万円

うち業務災害分

500 万円 × 200 名 × $\left(\dfrac{6.84}{1000} - \dfrac{0.6}{1000} \right)$ ＝ 624 万円

② 過去において無災害の事業場①でケース1の労働災害が生じた場合

メリット収支率の分子に算入される額		873万円
療養補償給付		525万円
休業補償給付		106万円
障害補償一時金分156日分	156万円(労働基準法相当額)	
特別支給金	休業特別支給金	35万円
	障害特別支給金	20万円
	障害特別一時金	31万円

メリット収支率　$\dfrac{873 \text{万円}}{3 \times 624 \text{万円} \times 0.67} = 70\%$

メリット増減率　-10%

メリット労災保険率 $= \left(\dfrac{11}{1000} - \dfrac{0.6}{1000} \right) \times \dfrac{(100 - 10(\%))}{100} + \dfrac{0.6}{1000}$

$= \dfrac{9.96}{1000}$

メリット制適用後の保険料額

$500 \text{万円} \times 200 \text{名} \times \dfrac{9.96}{1000} = 996 \text{万円}$

無災害のときと比べて…

$996 \text{万円} - 684 \text{万円} = 312 \text{万円の増加}$

③ 過去において無災害の事業場①でケース2の労働災害が生じた場合

メリット収支率の分子に算入される額		4162万円
療養補償給付		2750万円
休業補償給付		436万円
障害補償年金分560日分	560万円(労働基準法相当額)	
特別支給金	休業特別支給金	145万円
	障害特別支給金	159万円
	障害特別年金560日分	
	112万円(労働基準法相当額)	

メリット収支率 $\dfrac{4162\,万円}{3 \times 624\,万円 \times 0.67} = 332\%$

メリット増減率 ＋40%

メリット労災保険率 $= \left(\dfrac{11}{1000} - \dfrac{0.6}{1000}\right) \times \dfrac{(100 + 40(\%))}{100} + \dfrac{0.6}{1000}$

$= \dfrac{15.16}{1000}$

メリット制適用後の保険料額

$500\,万円 \times 200\,名 \times \dfrac{15.16}{1000} = 1516\,万円$

無災害のときと比べて…

$1516\,万円 - 684\,万円 = 832\,万円の増加$

④ 過去において無災害の事業場①でケース3の労働災害が生じた場合

> メリット収支率の分子に算入される額　　　　5703万円
> 　療養補償給付　　　　　　　　　　　　　　3374万円
> 　休業補償給付　　　　　　　　　　　　　　436万円
> 　障害補償年金分1190日分　　1190万円（労働基準法相当額）
> 　特別支給金　　　休業特別支給金　　　　　145万円
> 　　　　　　　　　障害特別支給金　　　　　320万円
> 　　　　　　　　　障害特別年金1190日分
> 　　　　　　　　　　　　　238万円（労働基準法相当額）

メリット収支率　$\dfrac{5703万円}{3 \times 624万円 \times 0.67} = 455\%$

メリット増減率　　＋40%

メリット労災保険率 $= \left(\dfrac{11}{1000} - \dfrac{0.6}{1000} \right) \times \dfrac{(100 + 40(\%))}{100} + \dfrac{0.6}{1000}$

$= \dfrac{15.16}{1000}$

メリット制適用後の保険料額

$500万円 \times 200名 \times \dfrac{15.16}{1000} = 1516万円$

無災害のときと比べて…

$1516万円 - 684万円 = 832万円の増加$

⑤ 過去において無災害の事業場①でケース４の労働災害が生じた場合

メリット収支率の分子に算入される額　　　　　3538万円
　　療養補償給付　　　　　　　　　　　　　　1687万円
　　休業補償給付　　　　　　　　　　　　　　217万円
　　遺族補償年金分1000日分　　　1000万円（労働基準法相当額）
　　葬祭料（葬祭給付）　　　　　　　　　　　62万円
　　特別支給金　　　休業特別支給金　　　　　72万円
　　　　　　　　　　遺族特別支給金　　　　　300万円
　　　　　　　　　　遺族特別年金1000日分
　　　　　　　　　　　　　200万円（労働基準法相当額）

メリット収支率　　$\dfrac{3538万円}{3 \times 624万円 \times 0.67} = 283\%$

メリット増減率　　＋40％

メリット労災保険率 $= \left[\dfrac{11}{1000} - \dfrac{0.6}{1000} \right] \times \dfrac{(100 + 40(\%))}{100} + \dfrac{0.6}{1000}$

$\qquad\qquad\quad = \dfrac{15.16}{1000}$

メリット制適用後の保険料額

　　$500万円 \times 200名 \times \dfrac{15.16}{1000} = 1516万円$

無災害のときと比べて…

　　$1516万円 - 684万円 = 832万円の増加$

従業員規模が小さい場合、重大事故を一件起こすと、すぐにメリット増減率は最大のプラス40％になってしまうことが分かります。次に、もう少し規模を大きくして（従業員500名）試算してみましょう。

≪ロ　従業員数が500名の場合の試算≫

標準保険料額　　　　$500 万円 \times 500 名 \times \dfrac{11}{1000} = 2750 万円$

うち業務災害分　　　$500 万円 \times 500 名 \times \dfrac{10.4}{1000} = 2600 万円$

① 労働災害が全くない場合

　　メリット収支率の分子に算入される額　　0万円

　　メリット収支率　　$\dfrac{0 万円}{3 \times 2600 万円 \times 0.67} = 0\%$

　　メリット増減率　　$- 40\%$

　　メリット労災保険率 $= \left(\dfrac{11}{1000} - \dfrac{0.6}{1000} \right) \times \dfrac{(100 - 40(\%))}{100} + \dfrac{0.6}{1000}$

$$= \dfrac{6.84}{1000}$$

　　メリット制適用後の保険料額
　　　　$500 万円 \times 500 名 \times \dfrac{6.84}{1000} = 1710 万円$

　　うち業務災害分
　　　　$500 万円 \times 500 名 \times \left(\dfrac{6.84}{1000} - \dfrac{0.6}{1000} \right) = 1560 万円$

② 過去において無災害の事業場①でケース１の労働災害が生じた場合

メリット収支率の分子に算入される額　873万円

　療養補償給付　525万円

　休業補償給付　106万円

　障害補償一時金分156日分　156万円（労働基準法相当額）

　特別支給金　　休業特別支給金　35万円

　　　　　　　　障害特別支給金　20万円

　　　　　　　　障害特別一時金　31万円

メリット収支率　$\dfrac{873万円}{3 \times 1560万円 \times 0.67} = 28\%$

メリット増減率　-30%

メリット労災保険率 $= \left(\dfrac{11}{1000} - \dfrac{0.6}{1000} \right) \times \dfrac{(100 - 30(\%))}{100} + \dfrac{0.6}{1000}$

　　　　　　　　　$= \dfrac{7.88}{1000}$

メリット制適用後の保険料額

　　500万円 × 500名 × $\dfrac{7.88}{1000}$ ＝ 1970万円

無災害のときと比べて…

　　1970万円 － 1710万円 ＝ 260万円の増加

③　過去において無災害の事業場①でケース2の労働災害が生じた場合

メリット収支率の分子に算入される額 　　　　　4162万円
　療養補償給付 　　　　　　　　　　　　　　　2750万円
　休業補償給付 　　　　　　　　　　　　　　　 436万円
　障害補償年金分560日分 　　　　560万円（労働基準法相当額）
　特別支給金 　　　休業特別支給金 　　　　　　 145万円
　　　　　　　　　障害特別支給金 　　　　　　 159万円
　　　　　　　　　障害特別年金560日分
　　　　　　　　　　　　　　　　112万円（労働基準法相当額）

メリット収支率 　　$\dfrac{4162万円}{3 \times 1560万円 \times 0.67} = 133\%$

メリット増減率 　　$+30\%$

メリット労災保険率 $= \left(\dfrac{11}{1000} - \dfrac{0.6}{1000} \right) \times \dfrac{(100 + 30(\%))}{100} + \dfrac{0.6}{1000}$

　　　　　　　　 $= \dfrac{14.12}{1000}$

メリット制適用後の保険料額
　　　$500万円 \times 500名 \times \dfrac{14.12}{1000} = 3530万円$

無災害のときと比べて…
　　　$3530万円 - 1710万円 = 1820万円の増加$

④ 過去において無災害の事業場①でケース3の労働災害が生じた場合

メリット収支率の分子に算入される額　　　　　5703万円
　療養補償給付　　　　　　　　　　　　　　　3374万円
　休業補償給付　　　　　　　　　　　　　　　 436万円
　障害補償年金分1190日分　　　1190万円（労働基準法相当額）
　特別支給金　　　休業特別支給金　　　　　　 145万円
　　　　　　　　　障害特別支給金　　　　　　 320万円
　　　　　　　　　障害特別年金1190日分
　　　　　　　　　　　　　238万円（労働基準法相当額）

メリット収支率　$\dfrac{5703 \text{万円}}{3 \times 1560 \text{万円} \times 0.67} = 182\%$

メリット増減率　　＋40％

メリット労災保険率 $= \left(\dfrac{11}{1000} - \dfrac{0.6}{1000} \right) \times \dfrac{(100 + 40(\%))}{100} + \dfrac{0.6}{1000}$

$\qquad\qquad\qquad = \dfrac{15.16}{1000}$

メリット制適用後の保険料額

　　　$500 \text{万円} \times 500 \text{名} \times \dfrac{15.16}{1000} = 3790 \text{万円}$

無災害のときと比べて…

　　　3790万円－1710万円＝2080万円の増加

⑤ 過去において無災害の事業場①でケース4の労働災害が生じた場合

メリット収支率の分子に算入される額		3538万円
療養補償給付		1687万円
休業補償給付		217万円
遺族補償年金分1000日分	1000万円(労働基準法相当額)	
葬祭料（葬祭給付）		62万円
特別支給金	休業特別支給金	72万円
	遺族特別支給金	300万円
	遺族特別年金1000日分	
	200万円(労働基準法相当額)	

メリット収支率 $\dfrac{3538万円}{3 \times 1560万円 \times 0.67} = 113\%$

メリット増減率 ＋20%

メリット労災保険率 $= \left(\dfrac{11}{1000} - \dfrac{0.6}{1000} \right) \times \dfrac{(100 + 20(\%))}{100} + \dfrac{0.6}{1000}$

$= \dfrac{13.08}{1000}$

メリット制適用後の保険料額

$500万円 \times 500名 \times \dfrac{13.08}{1000} = 3270万円$

無災害のときと比べて…

$3270万円 - 1710万円 = 1560万円の増加$

労災保険メリット制Q＆A

［労働災害と保険料］　第10版

1996年　3月20日　初版
2024年　4月22日　第10版

編　　者　株式会社労働新聞社

発 行 所　株式会社労働新聞社
　　　　　〒173-0022　東京都板橋区仲町 29-9
　　　　　TEL：03-5926-6888（出版）　03-3956-3151（代表）
　　　　　FAX：03-5926-3180（出版）　03-3956-1611（代表）
　　　　　https://www.rodo.co.jp　　pub@rodo.co.jp
印　　刷　株式会社ビーワイエス

ISBN 978-4-89761-980-4

私たちは、働くルールに関する情報を発信し、
経済社会の発展と豊かな職業生活の実現に貢献します。

労働新聞社の定期刊行物のご案内

「産業界で何が起こっているか？」
労働に関する知識取得にベストの参考資料が収載されています。

週刊 労働新聞

タブロイド判・16ページ　月4回発行
購読料（税込）：46,200円（1年）23,100円（半年）

労働諸法規の実務解説はもちろん、労働行政労使の最新の動向を迅速に
報道します。
個別企業の賃金事例、労務諸制度の紹介や、読者から直接寄せられる法
律相談のページも設定しています。流動化、国際化に直面する労使および
実務家の知識取得にベストの参考資料が収載されています。

安全・衛生・教育・保険の総合実務誌

安全スタッフ

B5判・58ページ　月2回（毎月1・15日発行）
購読料（税込）：46,200円（1年）23,100円（半年）

●産業安全をめぐる行政施策、研究活動、業界団体の動向などをニュース
としていち早く報道
●毎号の特集では安全衛生管理活動に欠かせない実務知識や実践事例、
災害防止のノウハウ、法律解説、各種指針・研究報告などを専門家、企業担
当者の執筆・解説と編集部取材で掲載
●「実務相談室」では読者から寄せられた質問（人事・労務全般、社会・労
働保険等に関するお問い合わせ）に担当者が直接お答えします!
●連載には労災判例、メンタルヘルス、統計資料、読者からの寄稿・活動レ
ポートがあって好評

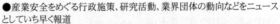